Programma **Socrates**

Progetto
lingua italiana

Parlando Italiano

Quaderno di lavoro
primo volume

Guerra Edizioni

Parlando italiano
è frutto della collaborazione internazionale
nell'ambito del progetto Lingua Italiana.

Coordinamento
Gianni Cammarota.

Redazione
Fondazione di sostegno didattico (ABC) di Amsterdam
Gianni Cammarota, Luisa Prando. Con la collaborazione di *Daniela Fasoglio.*

Università per Stranieri di Perugia
Katerin Katerinov, Maria Clotilde Boriosi, Mauro Pichiassi.

Servizio di Coordinamento per la Ricerca e l'Innovazione Pedagogica e Tecnologica (SCRIPT) del Ministero dell'Educazione nazionale Lussemburghese
André Wengler, Jeanne Steinmetzer.

Gruppo di Ricerca "Filologia Italiana" (Università di Siviglia)
Manuel Carrera Díaz, Pilar Rodriguez Reina.

Istituto di Pedagogia per l'Assia (HeLP) di Fuldatal
Graziella Auburtin.

Consulenza
Istituto Nazionale di Sviluppo Curricolare, SLO, Enschede, Paesi Bassi
Han van Toorenburg.

Traduzioni
Too van Velzen, Frans Francissen.

Progetto grafico
Keen s.r.l.
Simona Barbarito, Silvia Bistacchia.

Copertina e impaginazione
Keen s.r.l.
Silvia Bistacchia.

Ricerca iconografica
Keen s.r.l.
Nicola Vergoni, Valentina Belia, Silvia Bistacchia.

Disegni
Moreno Chiacchiera.

Fotografie
Giovanni Aglietti.

Stampa
Guerra guru s.r.l. - Perugia.

I edizione
© Copyright 1999 Guerra Edizioni - Perugia

ISBN 88-7715-427-6

Proprietà letteraria riservata.
I diritti di traduzione, di memorizzazione elettronica, di riproduzione e di adattamento totale o parziale, con qualsiasi mezzo (compresi microfilm e le copie fotostatiche), sono riservati per tutti i paesi.

Gli autori e l'Editore sono a disposizione degli aventi diritto con i quali non è stato possibile comunicare nonché per involontarie omissioni o inesattezze nella citazione delle fonti dei brani o immagini riprodotte nel presente volume.

Guerra Edizioni
via Aldo Manna, 25 - Perugia (Italia) - tel. +39 075 5289090 - fax +39 075 5288244
e-mail: geinfo@guerra-edizioni.com - www.guerra-edizioni.com

introduzione

Parlando Italiano 1

- Libro di testo
- Quaderno di lavoro
- Cd-rom/Cd-audio

Il *Libro di testo* si divide in 5 Unità, suddivise in Sezioni.
Ogni sezione presenta:

1. Testi di ascolto e di lettura, autentici o adattati da materiale autentico, dai quali emerge l'uso delle funzioni linguistiche che vengono trattate nella sezione.
2. Esercizi di comprensione globale (e, man mano che il corso procede, anche analitica) dei testi.
3. "Come fare per...": esplicitazione delle funzioni linguistiche presenti nei testi.
4. "Attività": esercizi da svolgere subito dopo "Come fare per...", da eseguire in coppia o in piccoli gruppi, volti a facilitare e stimolare l'assimilazione delle funzioni linguistiche.
5. "Incontri": due pagine di materiale totalmente autentico su aspetti di vita e cultura italiana vicini al mondo dei ragazzi.

Il *Quaderno di lavoro* integra il Libro di Testo e si incastra nella sua struttura. Contiene attività ed esercizi di vario tipo, orali e scritti, da svolgersi sia in classe sia a casa.
Ogni Sezione comprende:

1. Esercizi sui testi presenti sul Libro di testo.
2. Esercizi sulle funzioni linguistiche trattate.
3. Esercizi di lessico.
4. Esercizi per lo sviluppo delle strategie d'apprendimento.
5. Attività sugli "Incontri", corredate ogni volta di alcune parole chiave per facilitare la comprensione dei testi.
6. "Occhio alla grammatica": schede grammaticali corredate di brevi spiegazioni e relativi esercizi.
7. "Autocontrollo": momento di autoverifica dell'apprendimento.

In Appendice al Quaderno di Lavoro si trovano:
"Glossario"
Compendio grammaticale: una breve sintesi, a scopo consultivo, degli argomenti grammaticali trattati.
Trascrizione dei testi per l'ascolto.

Il *Cd-rom* si compone anch'esso di 5 Unità e comprende esercizi e attività diversi da quelli presenti nel Libro di Testo e nel Quaderno di Lavoro. Ciascuna Unità è suddivisa in 7 fasi:

1. "Prima di cominciare": test d'ingresso
2. Dialogo
3. Lavoro sul dialogo:
   a. Test di comprensione
   b. Esercizi sul dialogo (pronuncia e intonazione, completamento)
1. Grammatica (schemi con spiegazioni ed esercizi)
2. Lessico ed esercizi.
3. Dettato
4. Civiltà (lettura)

schema delle unità

legenda

Incontri — Vai al Libro di Testo "incontri"

Ascolta

Vai al Libro di Testo

Prendi nota

Scheda Grammaticale

unità 1 Piacere!

funzioni — linguistiche | grammaticali — pag

sezione 1 COME TI CHIAMI?

Funzioni linguistiche
- Presentarsi a coetanei
- Presentare qualcuno
- Informarsi su nome e età di coetanei

Funzioni grammaticali
- Pronomi personali soggetto e indicativo presente del verbo *chiamarsi*
- Indicativo presente del verbo *essere*
- Indicativo presente del verbo *avere*
- Verbo *essere* con particella *ci*
- Numeri cardinali fino a 100
- Pronomi dimostrativi *questo / quello* (1)

sezione 2 DI DOVE SEI?

Funzioni linguistiche
- Dire che non si è capito, chiedere di parlare più lentamente e chiedere di ripetere
- Chiedere e dire la nazionalità e la provenienza
- Chiedere dove abita una persona e dire dove si abita
- Chiedere come si scrive una parola; compitare

Funzioni grammaticali
- Pronomi e avverbi interrogativi
- Sostantivo maschile e femminile
- Aggettivo qualificativo
- Indicativo presente dei verbi in *-are*
- Preposizioni *a, di, in*

unità 2 Fare conoscenza

funzioni — linguistiche | grammaticali — pag

sezione 1 COME STAI?

Funzioni linguistiche
- Salutare e replicare al saluto
- Informarsi su come sta una persona

Funzioni grammaticali
- Articolo determinativo
- Articolo indeterminativo
- Indicativo presente del verbo *stare*

sezione 2 TI PIACE QUESTA MUSICA?

Funzioni linguistiche
- Esprimere le proprie preferenze (1) Informarsi sulle preferenze altrui (1)
- Ringraziare e replicare ai ringraziamenti
- Informarsi su cosa fa una persona abitualmente
- Indicare la frequenza di un'azione

Funzioni grammaticali
- Indicativo presente dei verbi in *-ere*
- Indicativo presente del verbo *piacere*
- Indicativo presente del verbo *fare*
- Indicativo presente del verbo *andare*
- Numerali ordinali fino a 30°
- Aggettivi dimostrativi e pronomi dimostrativi *questo / quello* (2)

sezione 3 E TU CHE COSA FAI?

Funzioni linguistiche
- Informarsi su cosa fa una persona e dire ciò che si fa
- Informarsi su dove abita una persona e su come una persona si reca in un luogo

Funzioni grammaticali
- Indicativo presente dei verbi *conoscere* e *sapere*
- Indicativo presente del verbo *volere*
- Uso delle preposizioni *in* (2), *a* (2) e *con*
- Aggettivi possessivi

FUNZIONI LINGUISTICHE

- PRESENTARSI A COETANEI
- PRESENTARE QUALCUNO
- INFORMARSI SU NOME ED ETÀ DI COETANEI

ASPETTI GRAMMATICALI

- PRONOMI PERSONALI SOGGETTO E INDICATIVO PRESENTE DEL VERBO *CHIAMARSI*
- INDICATIVO PRESENTE DEL VERBO *ESSERE*
- INDICATIVO PRESENTE DEL VERBO *AVERE*
- VERBO *ESSERE* CON PARTICELLA *CI*
- NUMERI CARDINALI FINO A 100
- PRONOMI DIMOSTRATIVI *QUESTO / QUELLO* (1)

1

Completa le insegne con le scritte giuste.

1. biglietteria
2. uscita
3. informazioni turistiche
4. deposito bagagli
5. bar
6. scala mobile
7. ascensore
8. toilette

2

Ascolta il dialogo. Quali sono le cinque persone che parlano?
Confronta con un compagno.

	SÌ	NO
Simonetta Donati		
Christiane Mertens		
Caroline Müller		
Marco		
Alberto Bruni		
Simonetta Tosati		
Mariella		
Miranda		

3

Come si chiama il capogruppo?

Alberto ☐
Marco ☐
Luca ☐

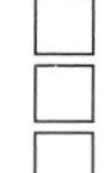

4

Riascolta il dialogo. Quali sono le espressioni usate per presentarsi? Confronta con un compagno.

Io mi chiamo ☐
Io sono ☐
Il mio nome è ☐
Lei si chiama ☐
Lei è ☐
Il suo nome è ☐

LT a[1]

5

Che cosa si dicono i personaggi per presentarsi? Svolgi i minidialoghi con un compagno seguendo l'esempio.

1) GIGI ROSSI *Ciao, io sono Gigi Rossi, e tu come ti chiami?*	**PAOLO** *Io mi chiamo Paolo, piacere.*
2) MARIA	**MARTA**
3) LUCA	**PAOLA BIANCHI**
4) MICHELA TRANI	**ROBERTA BIFFI**
5) TU	**IL TUO COMPAGNO**

LT b

6

Riascolta e rileggi i tre piccoli testi. Quali sono le espressioni usate per indicare l'età?

Testo 1 ____________

Testo 2 ____________

Testo 3 ____________

LT b[1]

7

Ascolta le seguenti frasi. Prima sentirai la frase affermativa, poi quella interrogativa e poi quella negativa. Fai attenzione alla diversa intonazione e poi ripeti ogni singola frase.

1. Questo è il gruppo del WWF. Questo è il gruppo del WWF? Questo non è il gruppo del WWF.
2. Lei si chiama Simonetta. Lei si chiama Simonetta? Lei non si chiama Simonetta.
3. Il capogruppo si chiama Alberto. Il capogruppo si chiama Alberto? Il capogruppo non si chiama Alberto.
4. Alessandro del Piero ha 23 anni. Alessandro del Piero ha 23 anni? Alessandro del Piero non ha 23 anni.
5. Marco fa il conduttore radiofonico. Marco fa il conduttore radiofonico? Marco non fa il conduttore radiofonico.
6. Il signor Gucci ha 70 anni. Il signor Gucci ha 70 anni? Il signor Gucci non ha 70 anni.

8

Ora ascolta le frasi e completa la tabella . Affermativa, interrogativa o negativa?

Frase n.	AFFERMATIVA	INTERROGATIVA	NEGATIVA
1			
2			
3			
4			
5			
6			
7			
8			
9			
10			

9

Chiedi ad un tuo compagno se:

a) Paolo è italiano.
b) Elisa abita a Roma.
c) Alessia studia l'inglese.
d) Daniela ha un cane.
e) Gianni gioca a calcio.
f) Laura va a scuola.

Il tuo compagno risponde prima negativamente, poi positivamente. Quindi scambiatevi i ruoli.

▶ LT Incontri

incontri

1

Guarda le due cartine geografiche dell'Italia.

Come si chiamano le montagne più alte? *Alpi e Appennini*

Come si chiama la pianura più grande? ____________

Come si chiama il fiume più lungo? ____________

Come si chiamano le isole più grandi? ____________

Quante regioni ci sono in Italia? ____________

2 **Nei testi *"Italia fisica"* e *"Italia politica"* nel LT si parla o no dei seguenti argomenti?**

	SÌ	NO
moneta		
industrie		
forma		
popolazione		
Unione Europea		
confini		
inno nazionale		
bandiera		

	SÌ	NO
ONU		
governo		
clima		
regioni		
NATO		
isole		
posizione in Europa		
storia		

3 **Cosa significa? Prima riempi la 1ª o la 2ª colonna, poi controlla sul dizionario e riempi la 3ª colonna.**

PAROLE	LO SO, SIGNIFICA...	NON LO SO, FORSE SIGNIFICA...	IL DIZIONARIO DICE...
inno			
stivale			
tacco			
punta			
penisola			
isola			
nazione			

4 **Con quali paesi confina l'Italia? Scrivili qui sotto prima in italiano poi nella tua lingua.**

in italiano	nella tua lingua

5

Quali sono i vari nomi che prende il Mare Mediterraneo intorno all'Italia?

1 ______________________________

2 ______________________________

3 ______________________________

4 ______________________________

OCCHIO ALLA GRAMMATICA!

SG 1

PRONOMI PERSONALI SOGGETTO E INDICATIVO PRESENTE DEL VERBO *CHIAMARSI*

io **tu** **lui, lei, Lei**	**mi chiamo** **ti chiami** **si chiama**	Luisa / Paolo.
noi **voi** **loro**	**ci chiamiamo** **vi chiamate** **si chiamano**	Luisa e Daniela. Sergio e Michele. Paolo e Anna.

ATTENZIONE!
I pronomi personali soggetto in generale non si usano. Si usano solamente se si vuole evidenziarli.

SG 2

INDICATIVO PRESENTE DEL VERBO *ESSERE*

(io) (tu) (lui, lei, Lei)	**sono** **sei** **è**	il capogruppo. Paola.
(noi) (voi) (loro)	**siamo** **siete** **sono**	in Italia.

SG 3

INDICATIVO PRESENTE DEL VERBO *AVERE*

(io) (tu) (lui, lei, Lei)	**ho** **hai** **ha**	30 anni.
(noi) (voi) (loro)	**abbiamo** **avete** **hanno**	

I. Completa le frasi con la forma appropriata del verbo *essere* o *avere*.

1. Quanti anni .... tuo fratello? Ventuno.
2. In Italia le donne di 20 anni .... 2 milioni e 200 mila.
3. Mike e John non .... inglesi, ... americani.
4. Alessandro Del Piero .... 23 anni ed .... uno dei giocatori di calcio più bravi al mondo.
5. L'Italia .... un paese dell'Europa meridionale.

II. Completa le frasi con le forme del verbo *chiamarsi*.

1. Come ....?
2. Io ....Marco Rossi, e sono italiano.
3. Vedi quel ragazzo? ....Vincenzo.
4. - Come .... quelle due ragazze? ~ Loro? Sono Marta e Sabrina!

III. Completa le frasi, usando le forme dei verbi *essere, avere* o *chiamarsi*.

1. - Scusa, come ....? ~ Sandro, e tu?
2. - Quanti anni .... il tuo amico Giuseppe? ~ Diciotto.
3. - .... voi i genitori di Anna? ~ Sì, ... noi.
4. - Come .... la sorella di Mario? ~ Non so.
5. - Chi .... quel ragazzo? ~ .... mio fratello Antonio.
6. - Quanti anni ....? ~ Io .... quindici anni e lui sedici.
7. - Ciao, io .... Roberto. ~ Piacere, io .... Lucia e lei .... Roberta.
8. - .... Luca, e tu? ~ Sandra.

G 4

VERBO *ESSERE* CON PARTICELLA *CI*

In Italia	**c'è**	un clima mediterraneo.
	ci sono	venti regioni.

I. Completa le frasi con *c'è* o *ci sono*:

1. Alla stazione ………………..un deposito bagagli.
2. In Italia ……………….. tante montagne.
3. - …………….. anche Simonetta e Christiane? ~ Sì, loro ……………….., ma mancano ancora due persone.
4. Vicino al bar ………………..la biglietteria.

SG 5

NUMERI CARDINALI FINO A 100

0 zero				
1 uno	**11** undici	**21** ventuno	**31** trentuno	**41** quarantuno
2 due	**12** dodici	**22** ventidue	**32** trentadue	**42** quarantadue
3 tre	**13** tredici	**23** ventitré	**33** trentatré	**43** quarantatré
4 quattro	**14** quattordici	**24** ventiquattro	**34** trentaquattro	**44** quarantaquattro
5 cinque	**15** quindici	**25** venticinque	**35** trentacinque	**45** quarantacinque
6 sei	**16** sedici	**26** ventisei	**36** trentasei	**46** quarantasei
7 sette	**17** diciassette	**27** ventisette	**37** trentasette	**47** quarantasette
8 otto	**18** diciotto	**28** ventotto	**38** trentotto	**48** quarantotto
9 nove	**19** diciannove	**29** ventinove	**39** trentanove	**49** quarantanove
10 dieci	**20** venti	**30** trenta	**40** quaranta	**50** cinquanta
60 sessanta	**70** settanta	**80** ottanta	**90** novanta	**100** cento

I. Qual è il numero di telefono?

Con un compagno:

1) Leggi a voce alta i cinque numeri di telefono del dottor Araldi.
2) Ora chiedi al tuo compagno qual è il suo numero di telefono e quale quello di un amico comune. Poi scambiatevi i ruoli.
Es: Qual è il tuo numero di telefono? Qual è il numero di Paolo?

II. Con un compagno: leggi ad alta voce i seguenti indirizzi e poi di' al tuo compagno dove abiti tu.

Viale dei Mughetti 67
Piazza Campanella 18
Corso Dante 85
Via Passo del Brennero 21
Corso Vittorio Emanuele 49
…………………..…………………..

III. Con un compagno: scrivi 10 numeri compresi tra 1e100 nella colonna A. Poi detta i tuoi numeri al tuo compagno che li scrive nella colonna B.

	A	IL TUO COMPAGNO
1		
2		
3		
4		
5		
6		
7		
8		
9		
10		

G 6

PRONOMI DIMOSTRATIVI *QUESTO / QUELLO* (1)

Questo	è Marco.	**Quello**	è Luca.
Questa	è Mariella.	**Quella**	è Marianna.
Questi	sono Luca e Alberto.	**Quelli**	sono Paolo e Michele.
Queste	sono Simonetta e Christiane.	**Quelle**	sono Maria Grazia e Marta.

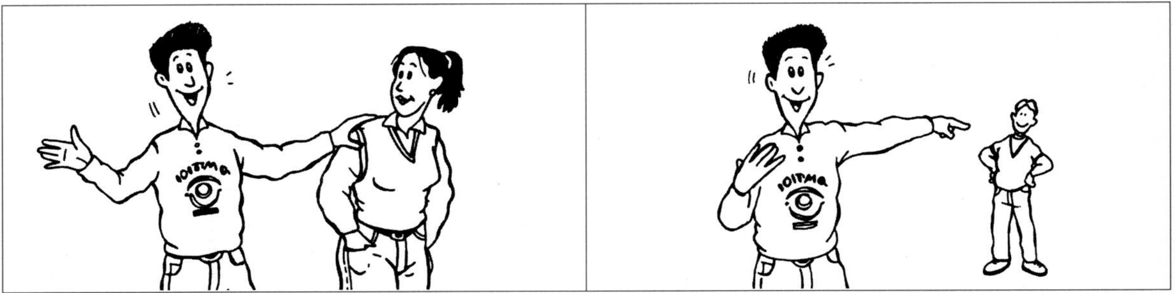

I. **Chi è? Chi sono? Scrivilo di fianco alle foto.**

Esempio:
Chi è questo?
Questo è Eros Ramazzotti.

Chi è quello?
Quello è ....

....

....

....

....

....

....

AUTOCONTROLLO
Ruolo A

Se non lo sai torna a...
(Ruolo B: pag. 198)

1) Presenti Maria al tuo compagno. **LT a¹**
2) Arrivi in una nuova classe e ti presenti a un compagno. **LT a¹, b¹**
3) Arriva a casa tua un amico di tua sorella. Tu lo saluti e gli chiedi come si chiama. **LT b¹**
4) Chiedi al tuo compagno l'età di sua sorella. **LT b¹**

FUNZIONI LINGUISTICHE

- DIRE CHE NON SI È CAPITO, CHIEDERE DI PARLARE PIÙ LENTAMENTE E CHIEDERE DI RIPETERE.
- CHIEDERE E DIRE LA NAZIONALITÀ E LA PROVENIENZA
- CHIEDERE DOVE ABITA UNA PERSONA E DIRE DOVE SI ABITA
- CHIEDERE COME SI SCRIVE UNA PAROLA; COMPITARE

ASPETTI GRAMMATICALI

- PRONOMI E AVVERBI INTERROGATIVI
- SOSTANTIVO MASCHILE E FEMMINILE
- AGGETTIVO QUALIFICATIVO
- INDICATIVO PRESENTE DEI VERBI IN *-ARE*
- PREPOSIZIONI *A, DI, IN*

1

Qual è l'ordine giusto?

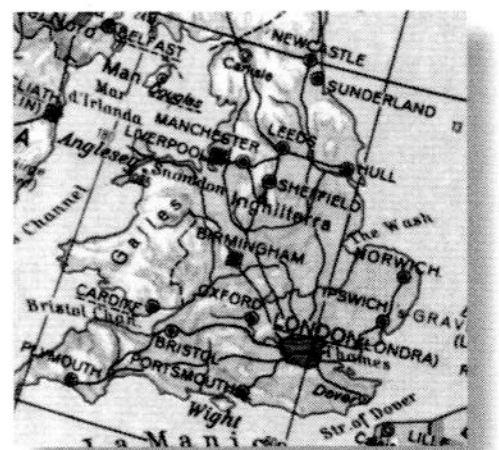

a)..........

b)..........

c)..........

d)..........

2

Vero o falso?

1. Il ragazzo è olandese.
2. Il ragazzo vuole andare in Piazza del Popolo.
3. Il ragazzo può prendere solo l'autobus.
4. La ragazza è di Roma.
5. Il ragazzo capisce bene l'italiano.

V	F

3

Cosa dice il ragazzo per dire che non ha capito?

____

4

Di dov'è il ragazzo? Da quali espressioni lo capisci?

____

▶ LT
a1, a2

5

Qual è la battuta giusta? Scegli fra quelle date.
a) Sei italiana? b) Quindici c) Di Londra, e tu? d) Piacere e) Scusa, non ho capito, puoi ripetere per favore?
Poi svolgi i minidialoghi con un tuo compagno. Scambiatevi di ruolo ad ogni minidialogo.

1. *Paolo:* Ciao, Marco!

   Marco: Ciao, Paolo. Ti presento Michael.

   Paolo: ....

   Michael: Piacere.

2. - Di dove sei, John?

   • ....

   - Di Roma.

3. • ....

   - Sì, di Verona, e tu?

   • Io sono brasiliana, ma mia madre è italiana.

4. - Per andare in Piazza del Popolo devi prendere la metropolitana e scendere al capolinea.

   • ....

   - Sì, per andare in Piazza del Popolo devi prendere la metropolitana e scendere al capolinea.

5. - Paolo, quanti anni ha tua sorella?

   • ....

6

Ora inventa le battute mancanti. Poi svolgi i minidialoghi con un tuo compagno. Scambiatevi di ruolo ad ogni minidialogo.

1. - *Marco:* Scusa, come ti chiami?

   • *Paolo:* ....

   - *Marco:* Marco.

2. - *Daniela:* Luisa, questo è mio fratello Riccardo.

   • *Luisa:* Piacere.

   ~ *Riccardo:* ....

3. - *Francis:* Cindy è inglese?

   • *Simona:* ....

   - *Francis:* Anch'io.

4. - *Luciano:* ....

   • *Anna:* 17, e tu?

   - *Luciano:* Io 18.

5. - *Marta:* ....

   • *Sandro:* Sono di Verona, ma abito a Padova.

LT b

7

Quali sono le informazioni che ricavi dai testi?

nome	nazionalità	abita a

8

Come si dice nella tua lingua?

Venezia ______ Torino ______
Napoli ______ Padova ______
Italia ______ Spagna ______
Francia ______ Germania ______
Svezia ______ Norvegia ______
Milano ______ Firenze ______
Roma ______ Genova ______

▶ LT b1, c, d, e

9

Quali sono le città della poesia? Scrivile qui sotto e poi cerca sulla cartina dove si trovano.

1) ______
2) ______
3) ______
4) ______
5) ______

10

Cosa significa? Prima riempi la 1ª o la 2ª colonna, poi controlla sul dizionario e riempi la 3ª colonna

PAROLE	LO SO, SIGNIFICA...	NON LO SO, FORSE SIGNIFICA...	IL DIZIONARIO DICE...
mangiare			
marmellata			
impiego			
mestiere			
disoccupato			

incontri

I tesori di tutti

I monumenti che fanno parte dei Beni mondiali dell'Unesco

L'**Unesco** è l'agenzia delle Nazioni Unite che dal 1945 si occupa di educazione, scienza e cultura. Nel 1972 ha dato vita alla Convenzione sulla protezione del patrimonio mondiale, culturale e naturale.
L'Unesco sceglie i Beni da proteggere in base a criteri molto rigidi. Questi beni devono essere autentici, devono aver avuto grande importanza nel passato, devono essere unici al mondo e devono essere associati a valori di significato universale.
Ecco quelli italiani.

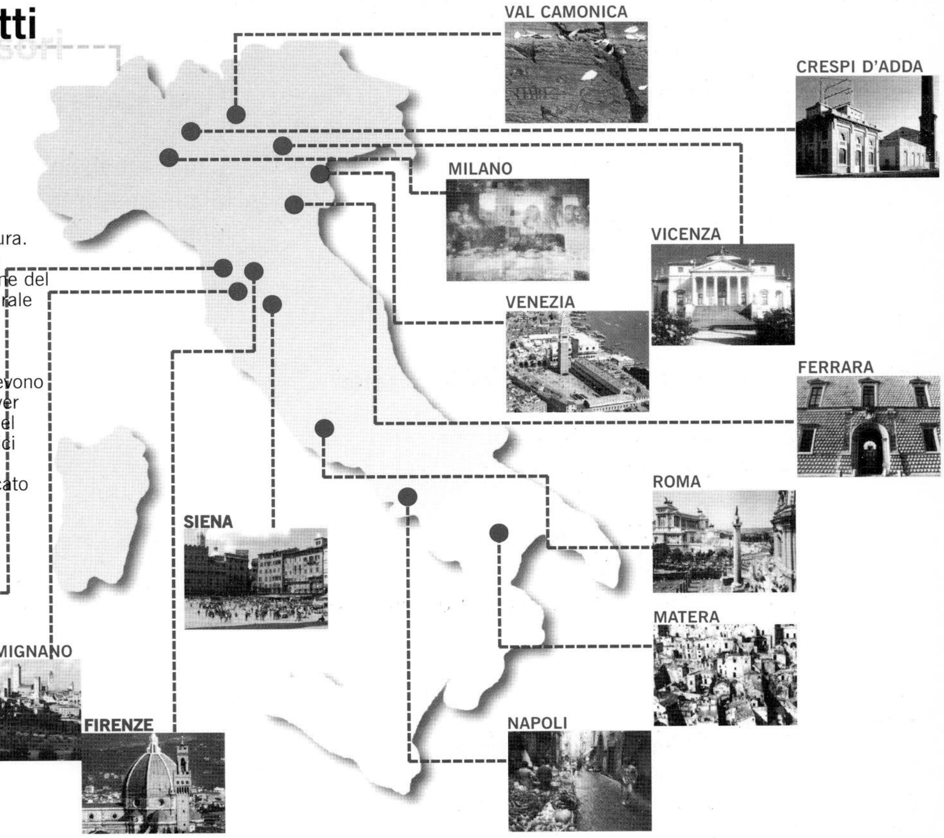

VAL CAMONICA

CRESPI D'ADDA

MILANO

VICENZA

VENEZIA

FERRARA

ROMA

SIENA

PISA

MATERA

SAN GIMIGNANO

FIRENZE

NAPOLI

1 **Cos'hanno in comune questi monumenti?** ______________________________

____

2 **Da dove è tratto secondo te questo articolo?**

- ☐ Da una guida turistica
- ☐ Da un settimanale di archeologia
- ☐ Da una rivista di attualità

3 **Scrivi accanto ai nomi delle varie località le regioni in cui queste località si trovano.**

Crespi d'Adda	______________	Roma	______________
Ferrara	______________	San Gimignano	______________
Firenze	______________	Siena	______________
Matera	______________	Val Camonica	______________
Milano	______________	Venezia	______________
Napoli	______________	Vicenza	______________
Pisa	______________		

OCCHIO ALLA GRAMMATICA!

SG 1

PRONOMI E AVVERBI INTERROGATIVI

Chi è Claudia ?	È una ragazza di Roma.
(Che) cosa è / **(Che) cos'**è la Sicilia?	È un'isola.
Come si dice "casa" in francese?	Si dice "maison".
Come ti chiami?	Mi chiamo Bruno.
Dove abiti?	Abito a Napoli.

I. Quale domanda per quale risposta?

1. Dove abita Marco?
2. Che cosa fai questa sera?
3. Di dove sei?
4. Chi è Christiane?
5. Che cos'è il Colosseo?
6. Come si chiama il fiume che passa per Roma?

A. Sono di Perugia, ma abito a Roma.
B. Tevere.
C. A Venezia.
D. Vado da Gianni.
E. È un'amica di Simonetta.
F. È un antico teatro romano.

II. Forma domande corrette.

1. .... hai detto, scusa?
2. Scusa, ... sono i giardini pubblici?
3. .... è il Presidente della Repubblica Italiana?
4. .... si dice "fiume" in spagnolo?
5. .... è la toilette?

III. Quali sono le domande?

- .... ~ Un ragazzo che abita a Bologna.
- .... ~ Di Bari.
- .... ~ A Colonia, in Germania.
- .... ~ Pi - u - gi - elle - i - a.
- .... ~ No, olandese.

G 2

SOSTANTIVO MASCHILE E FEMMINILE

Maschile

singolare **-o**	*plurale* **-i**
ragazz**o** amic**o**	ragazz**i** amic**i**

Femminile

singolare **-a**	*plurale* **-e**
piazz**a** isol**a**	piazz**e** isol**e**

Maschile/Femminile

singolare **-e**	*plurale* **-i**
mar**e** region**e**	mar**i** region**i**

G 3

AGGETTIVO QUALIFICATIVO

Maschile

singolare **-o**		*plurale* **-i**	
ragazzo amico	american**o** italian**o**	ragazzi amici	american**i** italian**i**

Femminile

singolare **-a**		*plurale* **-e**	
ragazza amica	american**a** italian**a**	ragazze amiche	american**e** italian**e**

Maschile/Femminile

singolare **-e**		*plurale* **-i**	
ragazzo ragazza	olandes**e**	ragazzi ragazze	olandes**i**

RICORDA:

	singolare		*plurale*
Aggettivo maschile in	**-o**	➡	**-i**
Aggettivo maschile e femminile in	**-e**	➡	**-i**
Aggettivo femminile in	**-a**	➡	**-e**

I. Completa con le forme mancanti.

singolare	***plurale***
ragazzo	ragazzi
mare	....
giardino	....
paese	....
strada	....
parola	....

II. Completa le frasi con gli aggettivi elencati sotto facendo attenzione alle terminazioni.

alto - biondo - carino - comodo - grande - italiano

1. Laura è .... ed è anche molto ....
2. Eros Ramazzotti è un cantante ....
3. Roma e Milano sono le città più .... d'Italia.
4. Lorenzo è il ragazzo più .... della squadra di pallacanestro della scuola.
5. L'autobus e la metropolitana sono i mezzi più .... per muoversi in città.

III. Qual è la terminazione appropriata?

1. Maria è una ragazz... spagnol... molto gentil....
2. Fabio e Donatella sono grand... amic....
3. Le donn... italian... sono elegan....
4. Roberto e Luca sono due student... molto brav....
5. A Firenze c'è la famos... Galleria degli Uffizi.
6. Luisa non viene in vacanza perché sua figlia è ancora piccol....
7. La Sicilia è un'isola italian... molto bell....
8. Simon è un ragazz... olandes... di Utrecht.
9. Daniela è italian..., ma abita in Olanda.
10. La signor... White è ingles... e non capisce bene l'italiano.

IV. Forma frasi corrette.

1. francesi due sono Jean ragazzi Sophie e ______________________
2. di sono Firenze di Marco amici gli ______________________
3. cucina molto italiana la buona è ______________________

G 4

INDICATIVO PRESENTE DEI VERBI IN *-ARE*

(io) (tu) (lui, lei, Lei) (noi) (voi) (loro)	abit**o** abit**i** abit**a** a Trieste. abit**iamo** abit**ate** abit**ano**	(io) (tu) (lui, lei, Lei) (noi) (voi) (loro)	mangi**o** mang**i** mangi**a** un panino. mang**iamo** mangi**ate** mangi**ano**

I. Coniuga i seguenti verbi.

Lavorare: (io) ____________, (tu) ____________, (lui) ____________
(noi) ____________, (voi) ____________, (loro) ____________

Salutare: (io) ____________, (tu) ____________, (lui) ____________
(noi) ____________, (voi) ____________, (loro) ____________

Mangiare: (io) ____________, (tu) ____________, (lui) ____________
(noi) ____________, (voi) ____________, (loro) ____________

Arrivare: (io) ____________, (tu) ____________, (lui) ____________
(noi) ____________, (voi) ____________, (loro) ____________

Studiare: (io) ____________, (tu) ____________, (lui) ____________
(noi) ____________, (voi) ____________, (loro) ____________

Parlare: (io) ____________, (tu) ____________, (lui) ____________
(noi) ____________, (voi) ____________, (loro) ____________

II. Completa le frasi con i verbi indicati a fianco.

1. Paolo e Michele .... Marta. (incontrare)
2. - John, dove ....? ~ .... in un paese vicino a Londra. (abitare)
3. Questa sera Angela e io .... la pizza. (mangiare)
4. Ehi, non mi .... il tuo amico tedesco? (presentare)
5. Anna, ti .... Stephan. (presentare)
6. Quando (noi).................. alla stazione, ti .... (arrivare, telefonare)
7. Astrid .... molto bene l'italiano perché .... italiano all'università. (parlare, studiare)
8. Marco .... a Milano ma .... a Gallarate. (lavorare, abitare)

SG 5

PREPOSIZIONI *A, DI, IN*

Preposizione *DI*

Sono	**di**	Londra. Bologna. Madrid. Parigi.

Preposizioni *A* e *IN*

Vado Abito Sono	**a**	Roma. Bologna. Bruxelles. Siviglia. Amsterdam. Verona.

Vado Abito Sono	**in**	Italia. Belgio. Spagna. Olanda.

I. Completa le frasi.

1. Tom è un ragazzo inglese .... Colchester. Ora è .... Italia, ... Perugia, per imparare l'italiano.
2. Serena è .... Vicenza, ma studia .... Padova perché .... Vicenza non c'è l'università.
3. .... Italia ci sono molti resti greco-romani. .... Taormina, per esempio, c'è un bellissimo teatro.
4. Domani vado .... Milano a incontrare un amico .... Berlino che non vedo da molto tempo.
5. Louis abita .... America, ma i suoi genitori sono italiani, ... Bari. Tutti gli anni Louis va .... Italia in vacanza e va .... Bari a trovare i nonni.

AUTOCONTROLLO
Ruolo A

Se non lo sai torna a...
(Ruolo B: pag. 198)

1) Tu dici: "In Italia ci sono 20 regioni". **LT a[1]**
2) Chiedi al tuo compagno se è italiano. **LT a[2]**
3) Non sai come si scrive il nome della città di Ventimiglia e lo chiedi al compagno. **LT d**
4) Chiedi al tuo compagno dove abita. Tu abiti a Chioggia. **LT b[1]**
5) Chiedi al tuo compagno se è di Roma. **LT a[2]**

FUNZIONI LINGUISTICHE

- SALUTARE E REPLICARE AL SALUTO
- INFORMARSI SU COME STA UNA PERSONA

ASPETTI GRAMMATICALI

- ARTICOLO DETERMINATIVO
- ARTICOLO INDETERMINATIVO
- INDICATIVO PRESENTE DEL VERBO *STARE*

1

Hai sentito queste formule di saluto?

	SÌ	NO
Ciao		
Buongiorno		
Buonasera		
Salve		
Arrivederci		

	SÌ	NO
A domani		
A dopo		
Ci vediamo		
A presto		

2

Stai per leggere un articolo che si intitola: *"Perché ci si dà la mano?"*. Secondo te che tipo di informazioni conterrà? Parlane con un compagno.

- ☐ informazioni sull'importanza di essere educati
- ☐ informazioni sulle formule di saluto in generale
- ☐ informazioni sulla storia del gesto di porgersi la mano

Ora leggi il testo **a**[1]. Erano giuste le tue previsioni?

▶ LT a[1]

3

Probabilmente ci sono delle parole del testo che non hai capito. Scrivile qui sotto. Poi scegline 2 e cercal sul dizionario. Di quanto è migliorata la tua comprensione del testo?

Le parole che non conosco sono: ____

____

▶ LT a[2]

4

Quali formule di saluto sono appropriate in queste situazioni? Scrivile nei fumetti. Controlla poi con un tuo compagno.

▶ LT b

5

Vero o falso?

	V	F
Paolo e Michele stanno aspettando John.		
Marta e sua madre incontrano Paolo e Michele al mercato.		
Paolo, Michele e John stanno visitando la città.		
Marta è in centro con sua madre.		
John è olandese.		

6

Quali sono le battute giuste? Scegli fra queste:

Ciao - Piacere - Buongiorno signora - Buongiorno - ciao - Piacere - Ciao

Marta: Mamma, guarda chi c'è!

Paolo: Ehi, ... Marta! .... , signora. Sono Paolo Biffi, piacere!

Signora: .... ! Io sono la mamma di Marta.

Luca: E io sono Luca Torricelli!

Signora: .... !

Paolo: Lui è John, un nostro amico.

Marta: .... , John. Io sono Marta e lei è mia madre.

John: .... !

Signora: .... ! Di dove sei, John?

John: Sono americano, di San Francisco.

LT c

7

Hai sentito queste espressioni nei minidialoghi?

	SÌ	NO
Come stai?		
Come sta?		
Come state?		
Bene		
Male		
Abbastanza bene		
Molto bene		
Così così		

LT c[1]

8 **Ora guarda le seguenti 5 vignette e scrivi sopra quello che secondo te dicono le persone.**

▶ LT d

9 **Scrivi qui sotto in quali punti secondo te mancano le tre vignette.**

Manca una vignetta dopo la n°.......... (posizione 1)
Manca una vignetta dopo la n°.......... (posizione 2)
Manca una vignetta dopo la n°.......... (posizione 3)

10 **Ecco le tre vignette mancanti. Osservando le immagini, segna quale vignetta va nella posizione 1, quale nella posizione 2 e quale nella posizione 3.**

Vignetta A: posizione .... Vignetta B: posizione .... Vignetta C: posizione ....

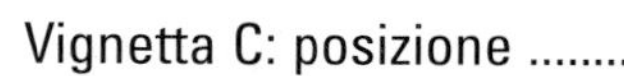

11 **Ora riempi i fumetti delle tre vignette qui sopra riascoltando la conversazione.**

LT
ncontri

incontri

1

Ricava le informazioni che ti servono per rispondere a queste domande dai testi e dagli schemi sul LT.

1. Quali sono i due paesi nei quali una persona deve frequentare la scuola dell'obbligo dai 4 fino ai 15 anni? (situazione del 1998)
2. In Europa ci sono più gatti o più cani?
3. Di quale regione sono le donne che vivono più a lungo? (situazione del 1991)
4. In Olanda ci sono più cani o più gatti?
5. Di quale regione sono gli uomini che vivono meno a lungo? (situazione del 1991)
6. Fino a che età devono andare a scuola i ragazzi in Italia? (situazione del 1998)
7. In Italia ci sono più gatti o più cani?
8. In quali regioni italiane ci sono più cani?
9. Qual è la popolazione che guarda la televisione più di tutti?
10. E tu quante ore al giorno guardi la televisione? In quali momenti della giornata? Intervista il tuo compagno e riempi la griglia:

In quali momenti della giornata?	dalle .... alle .... e/o dalle .... alle ....
Quali programmi?	1.
	2.
	3.
Zapping	sì ☐ no ☐
Videocassette?	sì, 1 o più alla settimana ☐ sì, ogni tanto ☐ no ☐

OCCHIO ALLA GRAMMATICA!

G 1

ARTICOLO DETERMINATIVO

Maschile

singolare		*plurale*	
il	treno fiume	**i**	treni fiumi
l'	**i**taliano **a**mico	**gli**	**i**taliani **a**mici
lo	**str**aniero zaino	**gli**	**str**anieri zaini

Femminile

singolare		*plurale*	
la	montagna regione storia zia	**le**	montagne regioni storie zie
l'	isola immagine	**le**	isole immagini

RICORDA:

1. **il / i** davanti a sostantivo *maschile* che inizia per consonante.
   la / le davanti a sostantivo *femminile* che inizia per consonante semplice, per *s* + consonante o *z-*.

2. **lo / gli** davanti a sostantivo *maschile* che inizia con *s* + consonante o *z-*.

3. **l' / gli** davanti a sostantivo *maschile* che inizia per vocale.
   l' / le davanti a sostantivo *femminile* che inizia per vocale.

ATTENZIONE!

I nomi dei Paesi sono sempre preceduti dall'articolo:

la *Spagna*
Germania

l' *Italia*
Olanda

il *Lussemburgo*
Belgio

gli *Stati Uniti*

MA: andare / abitare **in** Italia
Spagna

SG 2

ARTICOLO INDETERMINATIVO

Maschile

un	ragazzo. paese. **a**mico.
uno	**sp**agnolo. **st**udente.

Femminile

una	ragazza. città. spagnola.
un'	**a**mica. **i**sola.

RICORDA:

Maschile: **un** davanti a consonante e vocale.
uno davanti a *s* + consonante o z-.

Femminile: **una** davanti a consonante.
un' davanti a vocale.

I. Rileggi velocemente il testo a[1].
Poi completa con l'articolo determinativo.

maschile singolare	***maschile plurale***	***femminile singolare***	***femm. plurale***
... uso	... usi	... mano	... mani
... guerriero	... guerrieri	... arma	... armi
... segno	... segni	... tradizione	... tradizioni
... guanto	... guanti	... fiducia	
... cavaliere	... cavalieri	... educazione	
		... amicizia	
		... pace	

II. Ecco alcune parole che hai incontrato nel testo b.
Completa con gli articoli indeterminativi.

maschile	***femminile***
... compagno	... spesa
... amico	... strada
... giro	... classe
... saluto	... città

III. Inserisci nel cruciverba gli articoli che precedono i sostantivi indicati sotto: articoli determinativi se i sostantivi sono scritti normalmente, articoli indeterminativi se i sostantivi sono scritti in grassetto. Anche gli apostrofi occupano una casella.

1		■	2		
	3	4	5	6	
7	8		9		10
	11	12	13		
14				15	16
17			18		

Orizzontali: 1 ...ragazze, 2 ... **bicicletta**, 3 ... amici, 6 ... **guanto**, 8 ...pace, 9 ... studente, 11 ... cavaliere, 13 ... **amica**, 14 ...armi, 15 ... guerriero, 17 ... **americana**, 18 ... **spagnolo**

Verticali: 1 ... spagnolo, 3 ... amici, 4 ... madre, 5 ... Mare Mediterraneo, 7 ... **autobus**, 10 ...americano, 12 ... Spagna, 13 ... **motorino**, 16 ... sport

SG 3

INDICATIVO PRESENTE DEL VERBO *STARE*

(io) (tu) (lui, lei, Lei)	**sto** **stai** **sta**	bene.
(noi) (voi) (loro)	**stiamo** **state** **stanno**	bene.

I. Completa con il verbo *stare*:

1. - Buongiorno, signora Maria! Come .... i suoi figli?
   ~ Carla .... bene, grazie; Marco è in Inghilterra ed è molto contento.
2. Se non .... bene, perché non vai a dormire?
3. Salve, ragazzi, come ...., tutto bene?
4. Oggi .... benissimo.

II. Riordina le frasi.

1. Marco sorella sta tua come ciao? ______________________________
2. Salvatore Newcastle hanno un di inglese e amico Giulio
   ____
3. ti Marcello presento ciao Gianni ______________________________
4. Paola ha il anni quanti fratello di? ______________________________
5. di selvaggia l' Pantelleria bella è molto e isola.
   ____

AUTOCONTROLLO
Ruolo A

Se non lo sai torna a...
(Ruolo B: pag. 198)

1) Sono le 15.00. Incontri per strada la madre (il padre) del tuo amico Lucio. Saluti. **LT a^2**
2) Sono le 22.30. Esci dal cinema e vedi il tuo professore di inglese. Lo saluti. **LT a^2**
3) Incontri un tuo vecchio compagno di classe. Lo saluti e gli chiedi come sta. **LT c^1**
4) Sono le 16.00. Sei il direttore di una scuola e incontri per strada un tuo allievo. Lo saluti. **LT a^2**
5) Sono le 10.00. Saluti il tuo vicino di casa e gli chiedi come sta. **LT a^2, c^1**

FUNZIONI LINGUISTICHE

- ESPRIMERE LE PROPRIE PREFERENZE (1)
- INFORMARSI SULLE PREFERENZE ALTRUI (1)
- RINGRAZIARE E REPLICARE AI RINGRAZIAMENTI
- INFORMARSI SU COSA FA UNA PERSONA ABITUALMENTE
- INDICARE LA FREQUENZA DI UN'AZIONE

ASPETTI GRAMMATICALI

- INDICATIVO PRESENTE DEI VERBI IN *-ERE*
- INDICATIVO PRESENTE DEL VERBO *PIACERE*
- INDICATIVO PRESENTE DEL VERBO *FARE*
- INDICATIVO PRESENTE DEL VERBO *ANDARE*
- NUMERALI ORDINALI FINO A 30°
- AGGETTIVI E PRONOMI DIMOSTRATIVI *QUESTO / QUELLO* (2)

1

Riascolta il dialogo e rispondi alle domande:

1) Come si chiamano i personaggi?
- ☐ Flavio e Samantha
- ☐ Fabio e Sandra
- ☐ Franco e Sonia

2) Da dove viene la ragazza?
- ☐ Da Roma
- ☐ Da Venezia
- ☐ Da Gubbio

3) Che gruppo musicale piace a lui?
- ☐ I Take That
- ☐ I Virus
- ☐ I Beatles

4) Per quando si danno appuntamento?
- ☐ per stasera
- ☐ per domani sera
- ☐ per sabato sera

2

**Di quali regioni sono le scuole?
Metti una crocetta nella casella
corrispondente al nome.
Controlla poi con un tuo compagno.**

☐ Lombardia
☐ Trentino-Alto Adige
☐ Valle d'Aosta
☐ Friuli-Venezia Giulia
☐ Piemonte
☐ Veneto
☐ Liguria
☐ Emilia Romagna
☐ Toscana
☐ Marche
☐ Umbria
☐ Abruzzo
☐ Lazio
☐ Molise
☐ Sardegna
☐ Puglia
☐ Campania
☐ Calabria
☐ Basilica
☐ Sicilia

3 Qual è il percorso seguito dagli alunni dei due licei per arrivare a Venezia? Con un tuo compagno decidi per quali città importanti sono passati e poi scrivine i nomi qui sotto. (Fai riferimento alla cartina dell'Italia, unità 1, sezione 1 LT).

scuola 1 (Perugia)	*scuola 2* (Ascoli Piceno)
....	....
....	....
....	....
....	....

LT a[1]

4 Scrivi qui sotto le tre domande alle quali il testo dà una risposta.

1.____

2.____

3.____

5 Osserva le illustrazioni e ascolta i minidialoghi. In due dei seguenti minidialoghi c'è un'espressione di ringraziamento e in altri due c'è un'espressione di preferenza. Le riconosci? Discutine con un compagno.

1

2

LT a[2], a[3], a[4]

3

4

Ringraziamento	Preferenza
1. ________	1. ________
2. ________	2. ________
3. ________	3. ________
4. ________	4. ________

6

Riordina le battute di ogni dialogo:

1. A) No, non molto. ☐
   B) Paolo, ti piace la pizza? ☐
   C) Allora prendi gli spaghetti alla carbonara. ☐

2. A) Di niente! ☐
   B) Certo! ☐
   C) Ragazze, mi potete aiutare, per favore? ☐
   D) Grazie tante! ☐

3. A) Eccola. ☐
   B) Grazie. ☐
   C) Scusi, mi passa la penna, per favore? ☐
   D) Prego. ☐

4. A) Sì, moltissimo. E a te? ☐
   B) Anche a me ! ☐
   C) Ti piacciono gli spaghetti? ☐

5. A) No, neanche a me. E a Giorgio? ☐
   B) A Paolo non piace giocare a calcio, e a te? ☐
   C) A lui, sì. ☐

7

Completa la lettera di Han a Sandra.

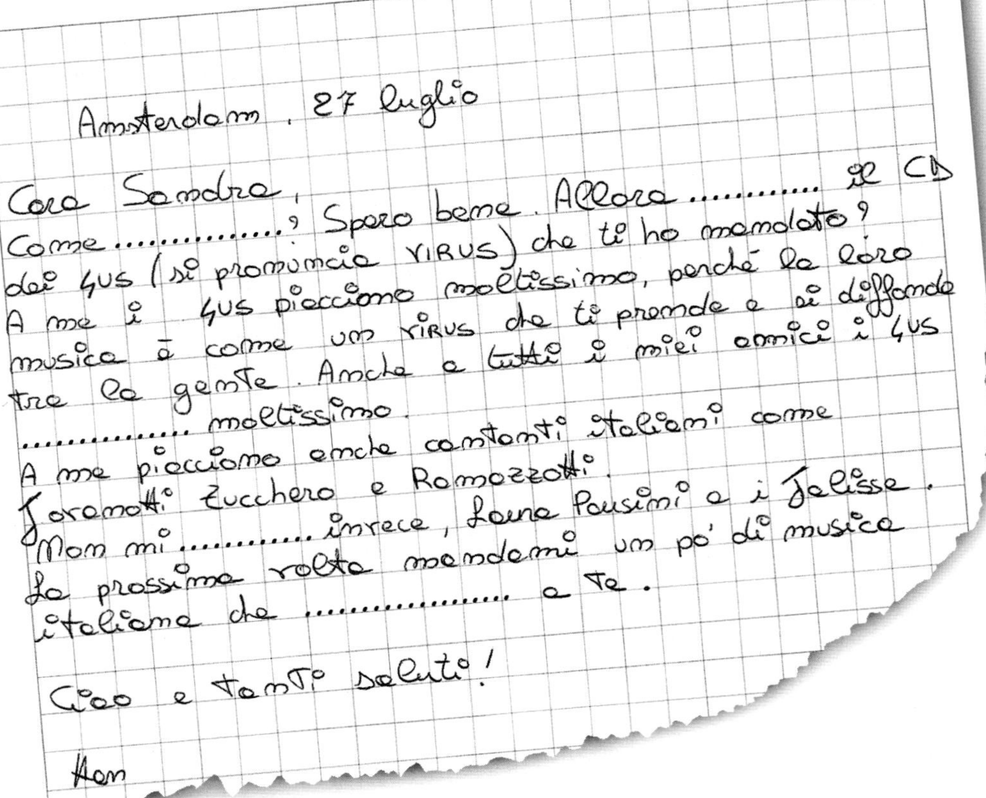

Amsterdam, 27 luglio

Cara Sandra,
Come ....? Spero bene. Allora .... il CD
dei 4US (si pronuncia VIRUS) che ti ho mandato?
A me i 4US piacciono moltissimo, perché la loro
musica è come un virus che ti prende e si diffonde
tra la gente. Anche a tutti i miei amici i 4US
.... moltissimo.
A me piacciono anche cantanti italiani come
Jovanotti, Zucchero e Ramazzotti.
Non mi .... invece, Laura Pausini e i Jalisse.
La prossima volta mandami un po' di musica
italiana che .... a te.

Ciao e tanti saluti!

Han

8

Ora scrivi tu una breve lettera ad un amico o un'amica italiano/a. Da' e chiedi le seguenti informazioni:

a) come stai tu
b) come sta lui/lei
c) quali cantanti preferisce
d) quali piacciono a te e perché
e) quali preferiscono gli altri tuoi amici.

Data: ....
Caro/a ....,
....
....
....
....

Tanti saluti!
....

LT b

9

Scrivi quando e/o quanto spesso i ragazzi d'oggi, secondo l'articolo che hai appena letto, fanno queste attività. Controlla poi con un compagno.

1. guardare la TV ______________________
2. studiare ______________________
3. andare al cinema ______________________
4. andare in discoteca ______________________
5. leggere ______________________
6. fare sport ______________________
7. andare a un concerto ______________________
9. andare in pizzeria ______________________
10. andare a visitare un museo ______________________

LT b1, b2

10

E tu quando e/o quanto spesso fai queste cose? E il tuo compagno?

1. guardare la TV ______________________
2. studiare ______________________
3. scrivere una lettera ______________________
4. andare in discoteca ______________________
5. leggere un libro ______________________
6. fare sport ______________________
7. leggere il giornale ______________________
9. andare in pizzeria ______________________
10. andare a visitare un museo ______________________

11

Leggi questo testo. Di che cosa si tratta?

☐ Di una pagina di diario?
☐ Di una lettera ad un amico?
☐ Di una poesia?

Discutine con un tuo compagno.

Non ce la faccio più!
In questo periodo ho troppe cose da fare! Tutte le mattine a scuola e il pomeriggio passa sempre per fare i compiti e studiare. Il martedì ho lezione di chitarra, quindi il lunedì devo fare esercizio. Il giovedì vado a nuoto e il fine settimana... beh, ogni settimana c'è qualcosa di diverso. La discoteca, un film, una pizza...
Insomma, chi lo dice che noi ragazzi abbiamo tanto tempo libero?

12

Riempi la griglia con le attività che l'autore del testo svolge durante la settimana. Controlla poi con un tuo compagno.

	mattina	*pomeriggio*	*sera*
Lunedì			
Martedì			
Mercoledì			
Giovedì			
Venerdì			
Sabato			
Domenica			

13

Riempi la griglia con le attività che svolgi tu durante la settimana.

	mattina	*pomeriggio*	*sera*
Lunedì			
Martedì			
Mercoledì			
Giovedì			
Venerdì			
Sabato			
Domenica			

Ora chiedi al tuo compagno di raccontarti cosa fa durante la settimana. Poi lui lo chiederà a te.
Es: Che cosa fai il mercoledì pomeriggio?

▶ LT C

.4 **Di che tipo di testo si tratta?**

- [ ] La copertina di un CD
- [ ] Un articolo di un quotidiano
- [ ] Un articolo di una rivista per ragazzi

.5 **Il testo è diviso in quattro paragrafi. Qual è il titoletto di ciascun capoverso? Collegali con una freccia.**

La sua musica	paragrafo 1
Il suo messaggio	paragrafo 2
Il suo primo successo	paragrafo 3
La sua filosofia	paragrafo 4

.6 **Completa la scheda di Jovanotti. Se necessario, rileggi il testo.**

Nome .... *Cognome* ....

Nato a.. *il* ....

Professione ....

Primo successo..

Prima tournée mondiale..

Tipo di musica ....

LT
Incontri

incontri

1 **Assegna ai 3 paragrafi di cui si compone l'articolo sui problemi di Venezia un titolo scegliendo fra i seguenti:**

- [ ] Venezia è abbandonata dagli abitanti
- [ ] La concentrazione industriale vicino a Venezia.
- [ ] Venezia sorge su un'isola.

2 **Ora metti i numeri al posto giusto nella cartina.**
Se necessario rileggi l'articolo.

Taglio del Sile
Sile
Venezia

[1] il mare aperto
[2] la laguna veneta
[3] le bocche di porto del Lido, di Malamocco e di Chioggia
[4] Porto Marghera
[5] Mestre

3 1. Durante il carnevale di Venezia, di che tipo saranno le iniziative?
2. Quali sono i provvedimenti per il traffico dei pullman?
3. Le manifestazioni verranno "sorvegliate" dalla polizia?

OCCHIO ALLA GRAMMATICA!

SG 1

INDICATIVO PRESENTE DEI VERBI IN *-ERE*

Leggere | **Vedere**

(io) (tu) (lui, lei, Lei)	legg**o** legg**i** legg**e**	un libro.	(io) (tu) (lui, lei, Lei)	ved**o** ved**i** ved**e**	un bel film.
(noi) (voi) (loro)	leggiam**o** legget**e** leggon**o**		(noi) (voi) (loro)	ved**iamo** ved**ete** ved**ono**	

SG 2

INDICATIVO PRESENTE DEL VERBO *PIACERE*

mi **ti** **gli / le**	**piace**	il tennis. la pizza. Jovanotti. camminare.	**mi** **ti** **gli / le**	**piacciono**	i dischi dei Doe Maar. gli spaghetti. i blue jeans. le canzoni.
ci **vi** **gli**			**ci** **vi** **gli**		

ATTENZIONE!

mi/ti/... **piace** + verbo all'infinito (*camminare*) o sostantivo **singolare** + **articolo** determinativo (il tennis, la pizza).

mi/ti/...**piacciono** + sostantivo **plurale** + articolo determinativo (*i dischi, gli spaghetti, i blue- jeans, le canzoni*).

Al posto dei pronomi **mi/ti/gli/le...** si usano anche **a me**, **a te**, **a lui**, **a lei**, ...:

> **A me** piace giocare a tennis, e **a te**? - Anche **a me**.

G 3

INDICATIVO PRESENTE DEL VERBO *FARE*

(io) (tu) (lui, lei, Lei)	**faccio** **fai** **fa**	molto sport.
(noi) (voi) (loro)	**facciamo** **fate** **fanno**	

G 4

INDICATIVO PRESENTE DEL VERBO *ANDARE*

(io) (tu) (lui, lei, Lei)	**vado** **vai** **va**	in piscina.
(noi) (voi) (loro)	**andiamo** **andate** **vanno**	

I. Completa le frasi con la forma appropriata dei verbi elencati:

mettere - fare - leggere - andare - vedere

1. - E voi che cosa .... questa sera? ~ Un giro in centro.
2. Dopo cena noi .... in piazza S. Marco.
3. Quella là in fondo è la mia casa, la ....?
4. - Tu .... il giornale tutti i giorni? ~ No, ma guardo ogni giorno il telegiornale alla tv.
5. .... anche tu da Luciana oggi pomeriggio?
6. Durante la settimana non .... molto sport perché non ho tempo.
7. Stasera i miei amici .... al concerto di Ramazzotti.

II. Completa con il verbo *piacere*:

1. - Paolo, ti .... i Take That? ~ Sì, abbastanza.
2. Correre mi .... abbastanza, ma nuotare mi .... di più.
3. - Vi .... le canzoni dei Virus ? ~ No, non ci .... per niente.
4. Ragazzi, vi .... la pasta al pomodoro?

III. Completa le domande e le risposte fra due amici con il verbo *piacere* e il corretto pronome, secondo modelli:

1. *(Gli spaghetti)*
   - *A te piacciono gli spaghetti? / Ti piacciono gli spaghetti?*
   ~ *Sì, mi piacciono molto, e a te?*
   - *Anche a me. / A me no.*

2. I Rolling Stones
3. I tramezzini
4. Roma
5. L'Italia

IV. Osserva le vignette. Cosa fanno Marco e Anna?

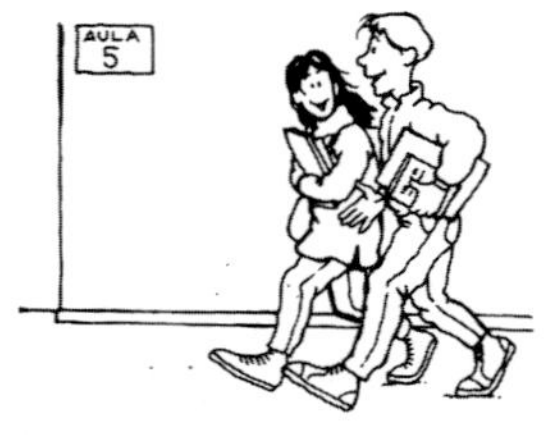

G 5

NUMERALI ORDINALI FINO A 30°

1°	primo	**11°**	undicesimo	**21°**	ventunesimo
2°	secondo	**12°**	dodicesimo	**22°**	ventiduesimo
3°	terzo	**13°**	tredicesimo	**23°**	ventitreesimo
4°	quarto	**14°**	quattordicesimo	**24°**	ventiquattresimo
5°	quinto	**15°**	quindicesimo	**25°**	venticinquesimo
6°	sesto	**16°**	sedicesimo	**26°**	ventiseiesimo
7°	settimo	**17°**	diciassettesimo	**27°**	ventisettesimo
8°	ottavo	**18°**	diciottesimo	**28°**	ventottesimo
9°	nono	**19°**	diciannovesimo	**29°**	ventinovesimo
10°	decimo	**20°**	ventesimo	**30°**	trentesimo

ATTENZIONE! **Il** prim**o** piano
" " mese
I prim**i** giorni
" " mesi

La prim**a** strada a destra
" " stazione
Le prim**e** notizie
" " stazioni

Il primo (di) gennaio **MA** Il due / tre / ....(di) gennaio.

I. **Completa le frasi con un numerale ordinale:**

1. Marzo è il (3°)........................ mese dell'anno.
2. Agosto è l' (8°)........................ mese dell'anno.
3. Ottobre è il (10°)........................ mese dell'anno.
4. Dicembre è il (12°)........................ mese dell'anno
5. Lunedì è il (1°)........................ giorno della settimana.
6. Venerdì è il (5°)........................ giorno della settimana.
7. Domenica è il (7°)........................ giorno della settimana.
8. Questa è la (2ª)........................ sezione della (2ª)........................ unità.

G 6

DIMOSTRATIVI *QUESTO* E *QUELLO*

	Aggettivi		Pronomi
Ti piace	**questa** giacca? **questo** libro?	Quale?	**Questa.** **Questo.**
Ti piacciono	**questi** guanti? **queste** canzoni?	Quali?	**Questi** **Queste.**

Ti piace	**quella** giacca? **quell'** aranciata? **quel** libro? **quello** sport? **quell'** album?	Quale?	**Quella.** **Quello.**
Ti piacciono	**quelle** scarpe? **quei** guanti? **quegli** stivali?	Quali?	**Quelle.** **Quelli.**

ATTENZIONE!

Questa ragazza è mia sorella.

Il dimostrativo **questo** può essere rafforzato dall'avverbio di luogo *qui o qua.*

Quel ragazzo è mio fratello.

Il dimostrativo **quello** può essere rafforzato dall'avverbio di luogo *lì o là.*

I. Completa le frasi con il dimostrativo appropriato:

1. …………….. musica non mi piace.
2. ……………è l'ultimo cd di Ramazzotti.
3. - E' ……… lì la mia pizza? ~ No, è ……. qui.
4. ………. due ragazzi là sono compagni di scuola di mio fratello.
5. - La vedi ……….. ragazza? ~ Quale, ……… con i capelli biondi? - No, ……… di fianco.
6. ………… spaghetti non mi piacciono, sono troppo cotti.
7. …………. è la foto della mia ragazza.
8. ………….. canzoni sono troppo melodiche. Preferisco ………. più ritmate.

AUTOCONTROLLO
Ruolo A

Se non lo sai torna a...
(Ruolo B: pag. 198)

1) Il tuo compagno ti dà un passaggio in motorino. Quando scendi lo ringrazi. **LT a[4]**
2) Chiedi al tuo compagno se gli piace nuotare. Lui poi lo chiede a te. A te piace abbastanza. **LT a[2], a[3]**
1) Chiedi al tuo compagno se gli piace la musica rap. Lui poi lo chiede a te; gli dici che non ti piace. **LT a[2], a[3]**
2) Chiedi al tuo compagno se gli piacciono i cioccolatini. Lui poi lo chiede a te; gli dici che a te piacciono tantissimo. **LT a[2], a[3]**
3) Chiedi al tuo compagno se va spesso in discoteca. Lui poi lo chiede a te; tu ci vai raramente. **LT b[1], b[2]**

FUNZIONI LINGUISTICHE

- INFORMARSI SU COSA FA UNA PERSONA E DIRE CIÒ CHE SI F
- INFORMARSI SU DOVE ABITA UNA PERSONA E SU COME UN/ PERSONA SI RECA IN UN LUOGO

ASPETTI GRAMMATICALI

- INDICATIVO PRESENTE DEI VERBI *CONOSCERE* E *SAPERE*
- INDICATIVO PRESENTE DEL VERBO *VOLERE*
- USO DELLE PREPOSIZIONI *IN*, *A* (2) E *CON*
- AGGETTIVI POSSESSIVI

1

Collega con una freccia:
Che scuola fanno i tre ragazzi? Eventualmente ascolta di nuovo il testo.

la prima (istituto tecnico)

Marco

la quinta (liceo scientifico)

Luca

la quarta (istituto tecnico)

Sandro

2

Chi è Sandro?

- ☐ un amico di Marco
- ☐ il fratello di Luca
- ☐ il fratello di Marco

3

Stai per leggere il testo della lettera che Marco ha scritto a un giornale e che è stata pubblicata con il titolo: *"Dallo studio allo stage"*. Qual è secondo te il contenuto della lettera?

LT a[1] a[2], b

Ora leggi il testo **a**[1]. Erano giuste le tue previsioni?

4

E ora riempi la tabella. Se necessario, torna al LT c e rileggi il breve testo. Controlla con un compagno.

	DOVE ABITA?	CHE COSA FA?	COME VA A SCUOLA O AL LAVORO?
Fabio			
Carla			
signora Rossi			
signor Rossi			
Giovanna			
Piero			

5

Basati sul testo b del LT. Intervista il *signor e la signora Rossi, Carla, Fabio, Giovanna e Piero.* Vuoi sapere cosa fanno, dove abitano e come raggiungono il luogo di studio / lavoro. Svolgi i dialoghi con un compagno facendo a turno il ruolo dell'intervistatore e dell'intervistato.

Es: *Tu:* *Cosa fai?*
Fabio: *Faccio la terza liceo.*
Tu: *Dove abiti?*
Fabio: *Abito al Lido di Venezia.*
Tu: *Come ci vai a scuola?*
Fabio: *Ci vado in vaporetto o in motonave.*

▶ LT b1, c

6

Riascolta la poesia di Gianni Rodari e prova a mettere al posto giusto i nomi dei bambini e le professioni dei padri. Scegli tra le parole date:

Ciù Marco Giovanni Jean Jimmi Liù Pedro Juri Herman Vladimir Kurt Pablo Karl John Paolo

Conducente - benzinaio - operaio - ferroviere - muratore - tranviere
professore di violoncello - cantante - pittore - imbianchino.

Uno e sette

Conosco un bambino che è sette bambini

Abita a Roma, si chiama ....,

e suo padre fa il ....

Però abita anche a Parigi, si chiama ....

e suo padre fa l'............................ in una fabbrica di automobili.

Però abita anche a Berlino, e lassù si chiama ....,

e suo padre fa il ....

Però abita anche a Mosca, si chiama ...., come Gagarin,

e suo padre fa il .... e studia matematica.

Però abita anche a Nuova York, si chiama ....,

e suo padre fa il ....

Quanti ne ho detti? Cinque. Ne mancano due:

uno si chiama ...., vive a Pechino.

L'ultimo si chiama ...., vive a Buenos Aires

e suo padre fa l'..

[...]

G. Rodari (testo riadattato)

▶ LT d

LT
Incontri

incontri

1 **Da dove è stato tratto l'articolo che parla dei pattini?**

- ☐ da una rivista sportiva
- ☐ da un quotidiano
- ☐ da una pubblicità

2 **Qual è l'argomento generale dei quattro paragrafi di questo articolo?**

Paragrafo 1:
- ☐ I pattini in Olanda
- ☐ L'origine dei pattini
- ☐ I pattini nel 1700

Paragrafo 2:
- ☐ I raduni
- ☐ Uso dei pattini a Losanna
- ☐ Diffusione dei pattini nel mondo

Paragrafo 3:
- ☐ Il pattinaggio a Roma
- ☐ Il pattinaggio a Milano
- ☐ Il pattinaggio in Italia

Paragrafo 4:
- ☐ Benefici del pattinaggio come sport
- ☐ Importanza del pattinaggio per il cuore
- ☐ Campionati di pattinaggio in USA

3 ***"Oggetto di culto"* (nel sottotitolo) significa:**

- ☐ Un nuovo sport
- ☐ Una cosa che riceve moltissima attenzione
- ☐ L'oggetto di una religione

4 ***"Da soli o in compagnia, per strada o su pista, per fitness o per sfida, date libero sfogo alla vostra fantasia"* (nel sottotitolo) significa:**

- ☐ Che il pattinaggio è uno sport che si può fare come si vuole, con chi si vuole e dovunque
- ☐ Che per praticare il pattinaggio c'è bisogno di una pista
- ☐ Che per praticare il pattinaggio bisogna avere molta fantasia

5 **Perché Mike scrive alla redazione di Sport Oggi?**

- ☐ Per chiedere informazioni sulle Olimpiadi di Atlanta
- ☐ Per avere informazioni sul campione di mountain bike
- ☐ Per avere informazioni su Paola Pezzo

6

Completa ora la tabella con i dati relativi alla campionessa di *mountain bike*.

Nome ....
Cognome ....
Professione ....
Luogo e data di nascita ....
Carattere ....
Titoli conquistati ....
Altre attività ....

7

Che tipo di testo è quello che parla dell'SR WWW?

- [ ] Materiale pubblicitario
- [ ] Un articolo
- [ ] Una parte di un articolo

8

Controlla i dati del motorino:

· Quanti litri di carburante contiene il serbatoio? ....
· E quanti di lubrificante? ....
· Quanto costa? ....

9

***Peso: 87 kg (dichiarati a secco)* significa:**

- [ ] Che il motorino è stato pesato asciutto
- [ ] Che il motorino è stato pesato senza benzina e senza lubrificante
- [ ] Che il peso del motorino non è ancora ufficiale.

G 1

OCCHIO ALLA GRAMMATICA!

INDICATIVO PRESENTE DEI VERBI *CONOSCERE* E *SAPERE*

Conoscere

(io) (tu) (lui, lei, Lei) (noi) (voi) (loro)	conosc**o** conosc**i** conosc**e** conosc**iamo** conosc**ete** conosc**ono**	la madre di Luca. una poesia a memoria.

Sapere

(io) (tu) (lui, lei, Lei) (noi) (voi) (loro)	so sai sa sappiamo sapete sanno	suonare il pianoforte. pattinare. il francese. una poesia a memoria.

I. Completa con le forme appropriate del verbo *conoscere*:

1. - (tu) .... Paolo? ~ Sì, lo ....
2. - Signora Rossi, ... Venezia? ~ Sì, la .... bene perché ci abita mia zia.
3. - (voi) .... i Litfiba? ~ No, chi sono?

II. Completa con le forme appropriate del verbo *sapere*:

1. - (tu) .... l'inglese? ~ Sì, lo .... abbastanza bene.
2. - (voi) .... quando la palestra chiude? ~ No, non lo ....
3. - Scusi, signora, ... a che ora passa l'autobus? ~ No, mi dispiace.

SG 2

INDICATIVO PRESENTE DEL VERBO *VOLERE*

(io) (tu) (lui, lei, Lei)	**voglio** **vuoi** **vuole**	studiare medicina. andare in Italia.
(noi) (voi) (loro)	**vogliamo** **volete** **vogliono**	un caffé.

I. Completa con le forme appropriatedel verbo *volere*:

1. .... un tramezzino, professore?
2. Jovanotti .... esprimere l'amore per la vita.
3. Sandra, ... ascoltare una canzone di Zucchero?
4. Marta ha comprato un'auto perché non .... più viaggiare in treno.
5. .... mangiare un gelato!
6. Dopo il liceo .... andare all'università.
7. Piero, ... un té?
8. Gianni non .... più studiare; preferisce cercare un lavoro.
9. I nostri genitori .... andare in vacanza in montagna; noi, invece, ... andare al mare.
10. Ragazzi, ... anche voi lo zucchero nel caffé?

SG 3

USO DELLE PREPOSIZIONI *IN, A* (2) E *CON*

Vado a scuola	**in** treno. **in** bici. **con il** treno. **con la** bici. **a** piedi.
Arrivo	**con il** treno delle 9.00. **con la** bici **di** Paolo. **a piedi.**

G 4

AGGETTIVI POSSESSIVI

Il	**mio** **tuo** **suo / Suo**	cane.
	nostro **vostro** **loro**	libro.

La	**mia** **tua** **sua / Sua**	avventura. camera.
	nostra **vostra** **loro**	casa.

I	**miei** **tuoi** **suoi / Suoi**	compagni.
	nostri **vostri** **loro**	zaini.

Le	**mie** **tue** **sue / Sue**	compagne.
	nostre **vostre** **loro**	amiche.

ATTENZIONE!

1. gli aggettivi possessivi si accordano in genere (*maschile/femminile*) e numero (*singolare/plurale*) con il nome.
2. sono sempre preceduti dall'articolo, **eccetto quando** accompagnano un nome di parentela singolare, non alterato e non preceduto da un aggettivo. Fa eccezione l'aggettivo possessivo *loro* che è sempre preceduto dall'articolo.

Es: Mia sorella
ma **La** mia sorell**ina**
La mia **cara** sorella

Tuo cugino
ma **Il** tuo cugin**etto**
Il tuo simpatico cugino

Il loro padre
La loro madre

N.B. **Mia** madre
La **mia** mamma

I. Completa le frasi con i possessivi appropriati:

1. Quali sono i .... programmi per stasera, Luca?
2. Signora Rossi, che lavoro fa .... marito?
3. Anna e Laura vanno in vacanza con i .... genitori.
4. Ehi, ragazzi, possiamo prendere le .... biciclette per andare ai giardini?
5. Il .... walkman non funziona. Posso usare il .... per favore?
6. Ci piace molto la cucina italiana; il .... piatto preferito è la pasta alla carbonara.
7. Professore, le .... lezioni sono molto interessanti.
8. Oggi pomeriggio vado a fare un giro in centro con .... madre e .... fratello.
9. Silvia, sono .... quei libri sul tavolo?
10. Piero ha un appartamento a Bologna con due .... amici.

II. Che cosa portano queste persone in vacanza? Scrivilo di fianco guardando gli oggetti che sono in valigia.

Marina mette in valigia:

Geografia

i suoi jeans

....

....

....

....

....

Fabio e Stefano mettono in valigia:

Scienze
GUIDA TURISTICA

il loro pallone da football

....

....

....

....

....

Io e mio fratello mettiamo in valigia:

i nostri jeans

....

....

....

....

....

AUTOCONTROLLO
Ruolo A

Se non lo sai torna a...
(Ruolo B: pag. 198)

1) Tu fai la terza liceo scientifico. Chiedi al tuo compagno che scuola fa. Poi gli chiedi che classe fa.	**LT a^2**
2) Vuoi sapere se il tuo amico studia o lavora e che cosa fa.	**LT a^2**
3) Ti informi su come un tuo amico va a scuola la mattina. Tu ci vai in bici.	**LT b^1**
4) Domandi al tuo compagno il suo indirizzo.	**LT b^1**
5) Chiedi al tuo compagno l'indirizzo di Michele e Marina.	**LT b^1**

FUNZIONI LINGUISTICHE

- PROPORRE DI FARE QUALCOSA
- ACCETTARE O RIFIUTARE UNA PROPOSTA
- FORMULARE UNA PROPOSTA ALTERNATIVA
- PARLARE DI COSE DEL FUTURO (1)

ASPETTI GRAMMATICALI

- INDICATIVO PRESENTE DEI VERBI IN *-IRE*
- INDICATIVO PRESENTE DEL VERBO *VENIRE*
- INDICATIVO PRESENTE DEL VERBO *DOVERE*
- INDICATIVO PRESENTE DEL VERBO *POTERE*
- VERBI RIFLESSIVI

1

Riascolta il testo. Quale frase senti?

☐ 1a Niente speciale, perché?
☐ 1b Niente di speciale, perché?

☐ 2a Dipende... Dove pensate di andare?
☐ 2b Dipende... Dove pensate andare?

☐ 3a Ah, bello! Allora vengo anch'io. Ma voi ce l'avete una mountain bike?
☐ 3b Ah, bello! Allora vado anch'io. Ma voi ce l'avete una mountain bike?

☐ 4a Vicino alla metropolitana.
☐ 4b Vicino alla fermata della metropolitana.

2

Vero o falso?

	V	F
Giovanna sta organizzando una gita al mare.		
Laura non è d'accordo sulla scelta del noleggio bici.		
Laura ha una mountain bike.		
Giovanna e Laura si danno appuntamento davanti al noleggio bici.		
Patrizia deve noleggiare la bicicletta.		

3

Riordina le frasi per raccontare il contenuto del dialogo. Poi leggile in ordine a un tuo compagno.

☐ Laura accetta l'invito di Giovanna.
☐ Giovanna sta organizzando un giro in moutain bike.
☐ Giovanna chiede a Laura se vuole partecipare anche lei al giro in bicicletta.
☐ Giovanna dà appuntamento a Laura davanti al Centro Mountain Bike.
☐ Laura dice che conosce un altro posto dove si noleggiano biciclette.
☐ Le amiche decidono di vedersi alle nove e mezza.

▶ LT a[1]

4

Quali sono le informazioni che vengono date nel testo a[1] e in quale ordine? (metti un numero progressivo nei quadratini).

☐ Prezzi
☐ Orari di apertura
☐ Nome del noleggio
☐ Indirizzo
☐ Tempo minimo di noleggio
☐ Possibilità di escursioni
☐ Tipi di bici noleggiate
☐ Regolamento
☐ Età minima e documenti necessari per noleggiare una bici.

▶ LT a[2]

5 Cosa facciamo domenica?

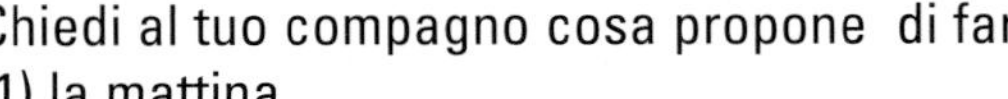

a) Chiedi al tuo compagno cosa propone di fare
1) la mattina
2) il pomeriggio
3) la sera

b) Ora di' tu cosa pensi di fare.

LT b

6 Riascolta il testo. Quali attività vengono nominate?

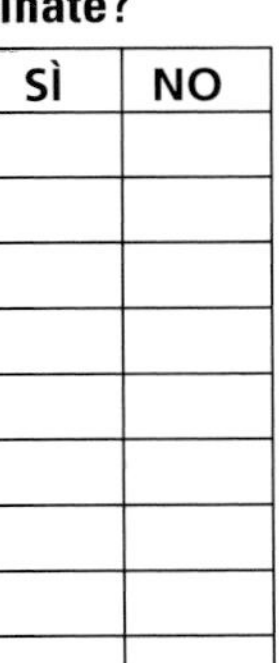

	SÌ	NO
restare in città a riposarsi		
andare in montagna		
seguire un corso di scultura		
frequentare un corso di inglese		
allenarsi per un torneo di pallavolo		
fare delle camminate		
andare al mare		
fare un corso di sci		
leggere un libro		
andare al Parco Nazionale		
visitare Firenze		
suonare la chitarra		

7 Riascolta il dialogo.

A. Quante persone vogliono restare a casa? ______________________

B. Quanti ragazzi e quante ragazze? ...... ragazzi ...... ragazze.

C. Quali sono i loro motivi per restare a casa? ______________________

____

____

LT b1

8 E tu cosa fai la settimana prossima? E il tuo compagno?

1. Che cosa fai lunedì pomeriggio? ______________________
2. Che cosa fai martedì sera? ______________________
3. Che cosa fai mercoledì? ______________________
4. Che cosa fai giovedì pomeriggio? ______________________
5. Che cosa fai venerdì sera? ______________________
6. Che cosa fai questo fine settimana? ______________________

LT c

9 **Cosa significa? Prima riempi la 1ª o la 2ª colonna, poi controlla sul dizionario e riempi la 3ª colonna**

PAROLE	LO SO, SIGNIFICA...	NON LO SO, FORSE SIGNIFICA...	IL DIZIONARIO DICE...
periodo			
allenamenti			
pallacanestro			
torneo			
il prof. d'italiano			
classe			
di persona			

10 **Come finisce la frase?**

A.
1. Jeanne non ha molto tempo libero
2. La classe di Jeanne sta organizzando
3. Jeanne si sta allenando molto
4. La classe di Jeanne corrisponde per e-mail
5. Il preside

B.
a. con una scuola di Napoli.
b. dà l'autorizzazione ad andare a Napoli
c. perché ha molti impegni.
d. un viaggio a Napoli.
e. per il torneo estivo di pallacanestro.

1 ☐ 2 ☐ 3 ☐ 4 ☐ 5 ☐

11 **Jeanne scrive una lettera a Giovanni e gli chiede come sta. Ma gli fa anche un'altra domanda, quale?**

____

▶ LT Incontri

incontri

1 **Chi è secondo te Max Biaggi?**

☐ un motociclista
☐ un ciclista
☐ un produttore di caschi

2 **Quali sono le parole che te lo hanno fatto pensare?** ____________________

3 **Nel testo su Max Biaggi si parla di un concorso. Hai capito di che concorso si tratta?**

____

4 **Dove si tiene il primo concerto della tournée americana di Eros Ramazzotti? E l'ultimo?**

____

5 **E dove si tiene il primo concerto della sua tournée in Italia? Quando?**

____

6 **Com'era vestito Eros al suo primo concerto in America?**

____

7 **Eros Ramazzotti è sposato ?** ____________________

OCCHIO ALLA GRAMMATICA!

G 1

INDICATIVO PRESENTE DEI VERBI IN *-IRE*

(io) (tu) (lui, lei, Lei)	part**o** part**i** part**e**	per le vacanze.	(io) (tu) (lui, lei, Lei)	prefer**isco** prefer**isci** prefer**isce**	restare in città quest'estate.
(noi) (voi) (loro)	part**iamo** part**ite** part**ono**		(noi) (voi) (loro)	prefer**iamo** prefer**ite** prefer**iscono**	

ATTENZIONE!

Come il verbo *preferire*, si coniugano anche i verbi: *finire* e *capire*.

I. Completa le frasi con la forma adeguata del verbo indicato a fianco:

1. Appena .... la scuola, ... per le vacanze. (finire - (noi) partire)
2. No, grazie, non vengo. .... restare a casa. preferire
3. Fa molto caldo qui. Gianni, perché non .... la finestra? aprire
4. Alain non .... molto bene l'italiano. capire
5. Ragazzi, quando .... per Napoli? partire
6. .... molto la mancanza dei nostri amici. sentire
7. Quando il professore parla in italiano, gli studenti non.......................... tutto. capire
8. D'estate i negozi .... tardi il pomeriggio. aprire
9. Vuoi un tè o .... un caffè? preferire
10. Anche noi .... le lezioni di italiano. seguire

G 2

INDICATIVO PRESENTE DEL VERBO *VENIRE*

(io) (tu) (lui, lei, Lei)	**vengo** **vieni** **viene**	alla festa insieme a Paola e Luca. dalla Germania. qui tutti i giorni. a scuola in bici?
(noi) (voi) (loro)	**veniamo** **venite** **vengono**	

I. Completa le frasi con la forma adeguata del verbo *venire*:

1. Che fate, ragazzi ? .... anche voi al concerto?
2. I miei amici .... a trovarmi quasi tutti i giorni.
3. Se .... anche Roberto, siamo in quattro.
4. Voi andate pure. Io .... più tardi.
5. Perché non .... anche tu al mare domenica?
6. Se avete posto, io e Luca .... con voi in macchina.
7. Mi chiamo Paolo e .... da Napoli.
8. Chiedi a Francesco se .... a sciare con noi questo fine settimana.
9. Louis e Corinne .... tutti gli anni da noi in vacanza.
10. Perché tu e Rita non .... a giocare a tennis con noi?

SG 3

INDICATIVO PRESENTE DEL VERBO *DOVERE*

(io) (tu) (lui, lei, Lei)	**devo** **devi** **deve**	studiare per l'interrogazione di doman fare gli esercizi di matematica. seguire il corso di italiano.
(noi) (voi) (loro)	**dobbiamo** **dovete** **devono**	

ATTENZIONE!

Il verbo *dovere* è sempre seguito dall'infinito.

I. Completa le frasi con la forma adeguata del verbo *dovere*:

1. Vengo a casa tua più tardi, perché prima .... andare dal dentista.
2. Se volete dei bei voti, ... studiare di più.
3. Luigi .... allenarsi per la partita di domenica prossima.
4. Loro .... tornare a casa presto perché domattina partono con il treno delle sei.
5. Ci vediamo dopo. Ora .... accompagnare mia madre a fare la spesa.
6. Fabio .... andare al mare perché ha problemi di salute.
7. Mia madre mi dice sempre che .... tenere in ordine la mia stanza.
8. Giulia, ... tornare a casa presto stasera?
9. Per tornare a casa, Lucia e Mauro .... fare almeno un chilometro a piedi.
10. Alessandra, sei troppo magra! .... mangiare di più.

G 4

INDICATIVO PRESENTE DEL VERBO *POTERE*

(io) (tu) (lui, lei, Lei)	**posso** **puoi** **può**	stare fuori fino a tardi. partire con l'autobus delle nove. andare al mare in Vespa.
(noi) (voi) (loro)	**possiamo** **potete** **possono**	

ATTENZIONE!

Il verbo *potere* è sempre seguito dall'infinito.

I. Completa le frasi con la forma adeguata del verbo *potere*:

1. Mi dispiace, ma non .... uscire con voi stasera, perché ho un altro impegno.
2. Luca, ... darmi una mano, per favore?
3. Se non volete partire in macchina, ... sempre prendere il treno.
4. Se vuoi imparare a giocare a tennis, Luigi .... darti delle lezioni.
5. Scusate, ... aiutarmi a portare queste valigie?
6. Gli studenti non .... uscire durante le lezioni.
7. Mio fratello .... accompagnarci alla stazione.
8. Ragazzi, il prossimo week-end .... andare al campeggio di Follonica.
9. I miei amici .... spendere più soldi di me.
10. Senti, Maurizio, ... passare in farmacia per me?

G 5

VERBI RIFLESSIVI

alzar**si**	(io)	**mi**	**alzo**	tutte le mattine alle sette.
allenar**si**	(tu)	**ti**	**alleni**	tutti i giorni?
vestir**si**	(lui, lei, Lei)	**si**	**veste**	alla moda.
dimenticar**si**	(noi)	**ci**	**dimentichiamo**	spesso di chiudere la porta.
lavar**si**	(voi)	**vi**	**lavate**	solo con l'acqua fredda?
divertir**si**	(loro)	**si**	**divertono**	sempre alle feste di Luca.

I. Completa le frasi con la forma adeguata del pronome riflessivo:

1. .... alleno tutti i giorni dalle tre alle sei.
2. Luisa .... veste sempre di nero.
3. Se .... senti male, devi andare da un medico.
4. Luigi .... dimentica spesso di prendere le chiavi di casa.
5. E' una settimana che .... alzo tardi la mattina.
6. Viene anche Massimo alla festa di Luca. .... ricordi di lui, vero?
7. Come .... trovate qui in Italia?

II. Completa le frasi con la forma adeguata del verbo riflessivo tra parentesi:

1. .... in fretta e arrivo. (lavarsi)
2. Quando stiamo tutti insieme, ... sempre molto. (divertirsi)
3. Voi .... sempre così presto la mattina? (svegliarsi)
4. Giulio .... ogni martedì. (allenarsi)
5. Non so come vestirmi per la festa. Tu come ....? (vestirsi)
6. Gianni .... sempre il mio numero di telefono. (dimenticarsi)
7. Anche ora .... la domenica? (alzarsi)

AUTOCONTROLLO
Ruolo A

Se non lo sai torna a...
(Ruolo B: pag. 198)

1) Sei Renata. Chiedi ad Alessia se ha voglia di un gelato. **LT a^2**
2) Proponi a Marco di andare a mangiare la pizza questa sera. **LT a^2**
3) Chiedi a Riccardo dove va l'anno prossimo in vacanza. Poi rispondi alla sua domanda. **LT a^2, b^1**
4) Proponi al compagno di noleggiare una bici da "Bici e Baci". **LT a^2**
5) Chiedi a John quando ha gli esami di maturità. **LT b^1**

FUNZIONI LINGUISTICHE

- INFORMARSI E DARE INFORMAZIONI SU DOVE SI PUÒ COMPRARE QUALCOSA
- FARE CONFRONTI (1)

ASPETTI GRAMMATICALI

- PRONOMI DIRETTI *LO, LA, LI, LE*
- *SI* PASSIVANTE
- PREPOSIZIONE *DA*
- PARTICELLA *CI*
- *CE L'HO - NON CE L'HO*
- COMPARAZIONE (1) FRA NOMI

1

Riascolta il testo. Vero o falso?

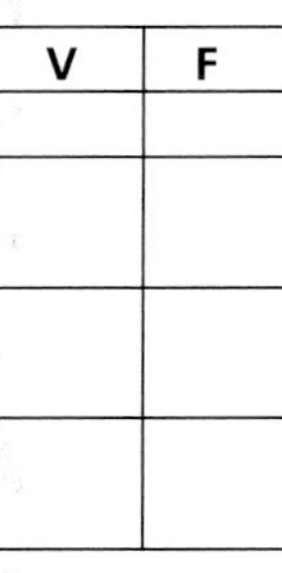

	V	F
Lucia non può andare alla festa di Marta.		
Lucia vuole aiutare Marta a fare i preparativi per la festa.		
Lucia non può accompagnare Marta a comprare le cose che le servono.		
Marta sa che al negozio *Tuttofeste* vendono anche palloncini colorati.		

2

Racconta ad un tuo compagno il contenuto del dialogo usando le frasi qui sotto (prima le devi mettere nel giusto ordine). Poi lui farà lo stesso.

- ☐ Lucia dice che conosce un negozio dove vendono tutto per le feste.
- ☐ Lucia accetta e offre a Marta il suo aiuto per organizzare la festa.
- ☐ Lucia risponde di sì; da *Tuttofeste* vendono anche palloncini colorati.
- ☐ Marta invita Lucia alla sua festa di compleanno.
- ☐ Marta non conosce quel negozio, e chiede se da *Tuttofeste* vendono anche palloncini colorati.

▶ LT a[1]

3

Qual è il pezzo finale del volantino di *"Tuttofeste"* sul LT a[2]?

Eh sì, da ***Tuttofeste***, si trovano i dolci più buoni per tutte le occasioni!

Tuttofeste: viaggi con sconti speciali per le vostre vacanze!

Tuttofeste: tutto quello che serve per una festa ben riuscita!

Da ***Tuttofeste*** si trova l'abbigliamento per uomo, donna e bambino! Venite, vi aspettiamo!

4

Guarda i cartoncini di auguri nella pagina di apertura della sezione 2 sul LT. Quali sono le espressioni usate per esprimere gli auguri di buon compleanno?

____

____

LT a[2]

5

Dove si compra cosa?

A Una bottiglietta di profumo
B Un mazzo di violette
C Un rullino fotografico
D Un'aspirina
E Un paio di pantaloni
F Un paio di scarpe da montagna
G Un libro di poesie
H Una scatola di cioccolatini

1 Pasticceria
2 Fotografo
3 Farmacia
4 Negozio di articoli sportivi
5 Libreria
6 Fioraio
7 Profumeria
8 Negozio di abbigliamento

A		B		C		D		E		F		G		H	

LT b

6

Riascolta il testo:

a) Dove e quando si fa la festa?

____

b) Che impegni ha Roberto per sabato?

____

7

Riascolta il testo. Vero o falso?

	V	F
La festa di compleanno di Paola è domenica.		
La festa si fa da Paola.		
Roberto non va alla festa perché deve giocare a calcio.		
Paola fa la festa a casa sua perché la pizzeria è troppo piccola		

8

Racconta ad un tuo compagno il contenuto del dialogo usando le frasi qui sotto (prima le devi mettere nel giusto ordine). Poi lui farà lo stesso.

☐ Alessia risponde di sì.
☐ Marco chiede ad Alessia se venerdì va alla festa di compleanno di Paola.
☐ Dice anche che la festa non è venerdì, ma sabato.
☐ Arriva Roberto e Alessia lo informa del cambiamento di programma.
☐ Roberto dice che, purtroppo, non può andarci.
☐ Il motivo è che non tutti sono liberi venerdì.
☐ Alessia insiste e Roberto accetta di andare.

LT c

9

Riascolta il dialogo. Quale frase senti?

- [ ] 1a Allora, cosa regaliamo a Marta al suo compleanno?
- [ ] 1b Allora, cosa regaliamo a Marta per il suo compleanno?

- [ ] 2a Sì, ce l'ha, sono sicura.
- [ ] 2b Sì, ha, sono sicura.

- [ ] 3a Allora pensiamo a qualcosa diverso.
- [ ] 3b Allora pensiamo a qualcosa di diverso.

- [ ] 4a Ma un maglione è molto più caro che un libro.
- [ ] 4b Ma un maglione è molto più caro di un libro.

- [ ] 5a Beh, se ne troviamo uno che non costa tanto, ce la caviamo con ventimila lire a testa.
- [ ] 5b Beh, se troviamo uno che non costa tanto, ce la caviamo con ventimila lire a testa.

10

Quali sono le proposte per il regalo a Paola e quali le reazioni?

regalo	sì / no	perché?

▶ LT C[1]

11

Tu e il tuo compagno volete fare un regalo ad un amico comune, ma avete idee diverse. Proponi un articol del riquadro A al tuo compagno: lui ti dirà se è d'accordo o no con la proposta, usando se vuole gli aggettivi del riquadro B.

Riquadro A

felpa
videogioco
cassetta di musica
penna
cd
maglione
bicicletta
profumo
poster
scarpe da ginnastica
videocassetta
computer
libro
racchetta da ping pong
orecchini
braccialetto

Riquadro B

bello
grande
personale
caro
moderno
originale
nuovo

Esempio: *Tu: Perché non regaliamo a .... una felpa?*
Il tuo compagno: Non sono d'accordo; secondo me è meglio un libro, perché è meno caro di una felpa.

LT
incontri

incontri

1 **Cosa pensa il presidente del Consiglio Massimo d'Alema del film *"La vita è bella"*?**

____

2 **Quanti premi Nobel per la letteratura sono stati dati finora all'Italia?**

____

3 **Chi è Gianfranco Ferrè?**

- ☐ Un sarto di New York
- ☐ Il sarto che ha disegnato l'abito di Franca Rame e di Dario Fo per la cerimonia del Nobel
- ☐ Il sarto che ha disegnato l'abito di Franca Rame e di Dario Fo per la festa del giorno dopo la consegna del Nobel

4 **Il film di Roberto Benigni *"La vita è bella"* ha ricevuto:**

- ☐ Il premio Nobel
- ☐ La nomination per l'Oscar
- ☐ Il telegramma di D'Alema

5 **Dario Fo dice: *"Sono esterrefatto"*. Cosa intende?**

- ☐ "sono contento"
- ☐ "sono sorpreso"
- ☐ "sono deluso"

OCCHIO ALLA GRAMMATICA!

SG 1

PRONOMI DIRETTI *LO, LA, LI, LE*

Dove compri	il vassoio per le tartine?	**Lo**	compro alla Standa.
	la tovaglia di carta?	**La**	
	i tovaglioli di carta?	**Li**	
	le posate di plastica?	**Le**	

I. Completa le frasi con *la, lo, li* o *le*:

1. Mi servono dei tovagliolini di carta. Dove .... posso trovare?
2. - Chi organizza la festa? ~ .... organizza Paola.
3. Vengono anche Luca e Marisa alla festa. .... va a prendere Marco con la macchina.
4. - Chi è quella ragazza? ~ Non .... conosco.
5. - Hai già visto il film "Titanic"? ~ Sì, ... ho già visto, ma .... rivedo volentieri.

SG 2

SI PASSIVANTE

La torta	si compra	in pasticceria.
Il pane		dal panettiere.

I palloncini	si comprano	da Tuttofeste.
I libri		in libreria

I. Inserisci il verbo appropriato

1. Gli articoli sportivi .... (comprare) nei negozi specializzati ma .... (trovare) anche da Coin.
2. La carne .... (compra) in macelleria ma .... (trova) anche al supermercato.
3. I francobolli .... (trovare) dal tabaccaio ma .... (vendere) naturalmente anche all'ufficio postale.

SG 3

PREPOSIZIONE *DA*

Dov'è la festa?	La festa è	**da**	Paola.
Dove andate?	Andiamo tutti		Luigi.

ATTENZIONE!

da Paola = **a casa di** Paola
da noi = **a casa nostra**

Gli spartiti delle canzoni di Zucchero	si vendono	**da** Ricordi.
L'ultimo libro di S. Tamaro	si vende	**da** Feltrinelli.
Le Nike-Air	si vendono	**da** Valle Sport.
Questo maglione	l'ho comprato	**da** Benetton.
I palloncini	li ho presi	**da** Tuttofeste.

SG 4

PARTICELLA *CI*

Vieni anche tu	alla festa?
	al cinema?
	in piscina?
	in centro?

Sì,	**ci**	vengo volentieri.

I. Completa le risposte alle seguenti domande:

1. - Vieni anche tu alla festa? ~ Sì, ... anch'io.
2. - Che cosa fai domani? Vai alla partita? ~ No, non .... perché ho da fare.
3. - Con chi va al cinema Giovanni? ~ .... con Manuela.
4. - Domenica andate al mare in autobus? ~ No, ... in treno.
5. - Quanto tempo rimangono a casa tua Giuliana e Franco? ~ .... solo tre giorni.

SG 5

CE L'HO - NON CE L'HO

Hai l'ultimo CD di Eros?	Sì, **ce l'ho.**	No, **non ce l'ho.**
Luca ha la bicicletta?	Sì, **ce l'ha.**	No, **non ce l'ha.**
Avete gli scarponi da sci?	Sì, **ce li abbiamo.**	No, **non ce li abbiamo.**
Hanno le racchette da tennis?	Sì, **ce le hanno.**	No, **non ce le hanno.**

Sì,	ce	l' li le	ho. hai. ha.
No, non			abbiamo. avete. hanno.

I. **Completa le risposte alle seguenti domande:**

1. - Regaliamo a Paola l'ultimo cd delle Spice Girls? ~ No, ... già.
2. - Giorgio ha la patente? ~ Sì, ... da un mese.
3. - Avete la tenda da campeggio? ~ No, ...
4. - Sai se Lucia e Marco hanno le racchette da tennis? ~ Sì, ...
5. - Hai il computer? ~ No, ... ancora.

SG 6

COMPARAZIONE (1) FRA NOMI

Il maglione	è	**più**	caro	**del**	libro.
Paola			alta	**di**	Anna.

Il libro	è	**meno**	caro	**del**	maglione.
Anna			alta	**di**	Paola.

Paola	è	alta	**come**	Marisa.

I. Forma frasi di senso compiuto :

A	B
1. Anna è più simpatica	a. del golf.
2. La pallavolo è più divertente	b. di Roma
3. Perugia è meno grande	c. della Vespa di Luigi.
4. La sua camera è meno spaziosa	d. di Laura.
5. Lo scooter di Francesco è più veloce	e. della mia.

    5

AUTOCONTROLLO
Ruolo A

Se non lo sai torna a...
(Ruolo B: pag. 198)

1) Vuoi comprare una felpa della Benetton, ma non sai dove andare. Chiedi informazioni al tuo compagno. **LT a[2]**
2) Vuoi comprare degli spartiti delle canzoni di Eros Ramazzotti ma non sai dove andare. Ti informi presso il tuo compagno. **LT a[2]**
1) Chiedi al tuo compagno se per il compleanno di Renzo regala un cd o un libro e perché. **LT c[1]**
4) Chiedi al tuo compagno un consiglio su che cosa regalare a Roberta. **LT c[1]**
5) Vuoi sapere dal tuo compagno se è più grande Roma o Milano. **LT c[1]**

FUNZIONI LINGUISTICHE

- RIFERIRE QUANTO DETTO DA ALTRI
- PARLARE DI AZIONI IN CORSO DI SVOLGIMENTO
- DESCRIVERE UNA PERSONA FISICAMENTE

ASPETTI GRAMMATICALI

- INDICATIVO PRESENTE DEI VERBI *DIRE* E *USCIRE*
- DISCORSO DIRETTO E INDIRETTO CON VERBI AL PRESENTE
- IMPERATIVO DEI VERBI REGOLARI
- GERUNDIO E STARE + GERUNDIO

1

Riascolta il dialogo.

1. Chi ha vinto la partita Juventus-Inter nella scorsa stagione?
- [ ] 1a la Juventus
- [ ] 1b l'Inter

2. Quale giornale sostiene che tutto può succedere?
- [ ] 2a La Gazzetta dello Sport
- [ ] 2b Il Corriere dello Sport

3. Chi è malato?
- [ ] 3a l'allenatore dell'Inter
- [ ] 3b il portiere dell'Inter

4. Che cosa dice l'allenatore della Juventus?
- [ ] 4a che l'Inter non vince da due stagioni
- [ ] 4b che la Juve è troppo forte per chiunque

2
LT
a[1]a[2]

Leggi il titolo dell'articolo a[1]. Vuoi sapere il risultato della partita Juve-Inter. Pensi di trovarlo in questo articolo?

___

3

Leggi il titolo e il sottotitolo dell'articolo *"Non solo calcio"*, guarda le fotografie e poi rispondi alle domande.

a) L'articolo è tratto:
- [ ] da un quotidiano sportivo
- [ ] da una rivista di moda
- [ ] da un giornalino per bambini
- [ ] da una rivista sportiva

b) Qual è l'argomento generale dell'articolo?
- [ ] In Italia l'unico sport è il calcio.
- [ ] Il calcio costa troppo
- [ ] In Italia si praticano anche altri sport oltre al calcio.

4

Rileggendo l'articolo *"Non solo il calcio"*, assegna le affermazioni sottostanti alle persone giuste.

Chi dice che...

a) ... per giocare bastano una corda tesa e una palla? ....

b) ... il confronto fisico è molto vivo? ....

c) ... anche in Italia si gioca un campionato femminile in piena regola? ....

d) ... non è ancora uno sport di massa per gli italiani? ....

e) ... gli esiti delle partite sono incerti fino all'ultimo? ....

5

Vero o falso?

	V	F
Lo sci è lo sport più seguito in TV.		
Velasco è l'allenatore della nazionale maschile di sci.		
Giancarlo Dondi dice che il rugby sta diventando popolare perché è violento.		
Il basket è lo sport più diffuso nel mondo.		
La pallanuoto si sta diffondendo anche tra le donne.		

6 **Riporta nella seguente tabella le informazioni sugli sport più seguiti dagli italiani.**

Sport	Quante persone lo seguono	Quante persone lo paraticano	Medaglie conquistate
1) *calcio*			
2)			
3)			
4)			
5)			
6)			
7)			

7 **Inserisci i numeri corrispondenti alle battute elencate sotto nei fumetti bianchi. Se non comprendi il significato di alcune parole, aiutati con l'illustrazione e le didascalie del testo intitolato: *Lo Stadio delle meraviglie* sul LT. Alla fine svolgi il dialogo con un compagno.**

1. I genitori di Glenda sono diversi da mio padre. Sono così gentili.
2. Sì, molto gentile.
3. Grazie, signora.
4. Tira! Vai! Vai! Corri!
5. Non ho voglia di andare alla partita. Vado da Glenda.
6. Ma Glenda non c'è?
7. No, non ci vengo allo stadio; non c'è mai posto, il prato è pieno di buche e l'illuminazione è pessim

A ciascuno il suo

8

Con un compagno fai le domande e rispondi a turno, riferendo cosa dicono i protagonisti del fumetto del QL 7.
Es: Che cosa dice Enzo dei genitori di Glenda?
Dice che i genitori di Glenda sono più gentili e moderni / Secondo Enzo, i genitori di Glenda...

1. Che cosa dice Enzo dello stadio?..
2. Che cosa dice Glenda del nuovo stadio?..
3. Che cosa chiede Enzo alla madre di Glenda?..
4. Che cosa dice la madre di Glenda di sé e di suo marito?...

LT b

9

Vero o falso?

	V	F
Il ragazzo conosce bene Joost		
Joost gioca a calcio		
Joost è un ragazzo inglese		
Il ragazzo e Joost corrispondono in inglese		

LT b[1]

.0

Cosa stanno facendo le persone raffigurate nelle vignette? Con un compagno fai le domande e rispondi a turno. Inizia ogni frase in uno dei seguenti modi:

adesso - in questo momento - ora

A______________________

B______________________

C______________________

D______________________

E______________________

F______________________

G______________________

H______________________

LT c

11 **Chi è chi?**

A 

B 

C 

D 

E 

F 

G 

1
Sesso F
Altezza: 1,65 m
Peso: 53 kg
Occhi: marroni
Capelli: castani mossi

2
Sesso F
Altezza: 1,60 m
Peso: 54 kg
Occhi: azzurri
Capelli: biondi mossi

3
Sesso M
Altezza: 1,80 m
Peso: 70 kg
Occhi: azzurri
Capelli: castani mossi

4
Sesso F
Altezza: 1,75m
Peso: 56 kg
Occhi: marroni
Capelli: biondi lisci

5
Sesso M
Altezza: 1,90m
Peso: 74 kg
Occhi: marroni
Capelli: marroni mossi

6
Sesso F
Altezza: 1,60 m
Peso: 51 kg
Occhi: verdi
Capelli: castani mossi

7
Sesso M
Altezza: 1,78 m
Peso: 72 kg
Occhi: marroni
Capelli: castani lisci

7

12 **A coppie: descrivi al tuo compagno l'aspetto fisico di un vostro professore. Il compagno deve indovinare di c parli. Poi invertite i ruoli.**

incontri

1 **Come si chiama di cognome il ciclista italiano Marco di cui si parla nell'articolo *"Marco ferma il tempo"*?**

____

2 **Di quale fatto si parla nell'articolo de La Repubblica?**

☐ Della vittoria di una barca italiana nel Pacifico.
☐ Del naufragio di Soldini
☐ Del salvataggio di Isabelle Autissier

3 **Chi è Soldini?**

☐ Uno skipper
☐ Uno che è addetto ai salvataggi in mare
☐ Il fidanzato di Isabelle Autissier

4 **Basandoti sui disegni del salvataggio di Isabelle sul LT, ricostruisci le fasi del soccorso collegando ad ogni diversa fase la didascalia corrispondente.**

[1] Ore 15.23 del 15 febbraio: a causa di un errore del pilota automatico la barca della Autissier si inclina di 90 gradi e poi si rovescia. La francese attiva l'EPIRB.
☐ Il segnale arriva al satellite sull'Oceano Pacifico.
☐ Dall'Oceano Pacifico l'S.O.S. viene dirottato sull'Oceano Atlantico e da qui prima a Tolone poi al centro "Cross Etel" di Brest.
☐ Parte il segnale S.O.S.
☐ Ore 15.25 del 16 febbraio: Soldini guidato dal centro di Brest avvista la Autissier e recupera Isabelle che si era rifugiata in una zona protetta all'interno dello scafo.
☐ Da Brest l'organizzazione francese che si occupa di salvataggi invia il segnale a Charleston (USA), tappa finale della regata, e contemporaneamente a Soldini e ai centri di soccorso marittimi.
☐ Soldini percorre le 170 miglia che lo dividono dalla barca della Autissier.

5 **Quando è nata Deborah Compagnoni?** ______________________________

6 **Perché Deborah dice: *"Sono triste, è finita?"*** ______________________________

7 **Cosa dice Alberto Tomba di D. Compagnoni?** ______________________________

____

8 **Quante medaglie ha vinto D. Compagnoni alle Olimpiadi?** ______________________________

____

OCCHIO ALLA GRAMMATICA!

SG 1

INDICATIVO PRESENTE DEI VERBI *DIRE* E *USCIRE*

(io) (tu) (lui, lei, Lei)	**dico** **dici** **dice**	che domenica	**esco** **esci** **esce**	alle tre e mezza.
(noi) (voi) (loro)	**diciamo** **dite** **dicono**		**usciamo** **uscite** **escono**	

I. Completa le frasi con la forma adeguata del verbo *dire*:

1. Giorgio, che ne .... di andare al concerto di Ligabue domani sera?
2. Paola e Anna .... sempre le stesse cose.
3. Luisa .... che il concerto inizia alle nove.
4. Voi .... che è meglio comprare i biglietti subito?
5. Facciamo una scommessa? Io .... che la Juve vince lo scudetto quest'anno.

II. Completa le frasi con la forma adeguata del verbo *uscire*:

1. Domani Luisa .... con Dario.
2. Se .... presto, potete passare a prendere Manuela.
3. Quando Mario e Fabrizio .... insieme, non tornano a casa prima di mezzanotte.
4. Il venerdì io .... da scuola a mezzogiorno.
5. Tu .... tutti i sabati con gli amici?

SG 2

IMPERATIVO DEI VERBI REGOLARI

Verbi non riflessivi

	guardare	**prend**ere	**sent**ire	**fin**ire
(tu)	guard**a** !	prend**i** !	sent**i** !	fin**isci** !
(noi) (voi)	guard**iamo** ! guard**ate** !	prend**iamo** ! prend**ete** !	sent**iamo** ! sent**ite** !	fin**iamo** ! fin**ite** !

ATTENZIONE!

All'imperativo è uguale all'indicativo presente **FUORCHÉ** la forma *tu* dei verbi **-ARE**.
Inoltre nell'imperativo non c'è mai il soggetto espresso.

Tu	telefonARE	Tu *telefoni* a Paolo.	➡	*Telefona* a Paolo!
	corrERE	Tu **corri** a casa.	➡	**Corri** a casa!
	partIRE	Tu **parti** domani.	➡	**Parti** domani!

ATTENZIONE!

La forma di cortesia *Lei* è molto particolare:
Scusare: **Scusi!** Sentire: **Senta!** Venire: **Venga!**
Sedersi: **Si sieda!** Riposarsi: **Si riposi!** Dire: **Dica!** Dare: **Dia!**
Si costruisce usando il modo congiuntivo che sarà materia di studio del secondo anno.

Verbi riflessivi

	alzarsi	**decidersi**	**vestirsi**
(tu)	alz**a**ti !	decid**i**ti !	vest**i**ti !
(noi) (voi)	alz**iamo**ci ! alz**ate**vi !	decid**iamo**ci ! decid**ete**vi !	vest**iamo**ci ! vest**ite**vi !

ATTENZIONE!
Come i pronomi riflessivi, anche i pronomi diretti seguono il verbo all'imperativo:

INDICATIVO PRESENTE

Verbi riflessivi	
(tu)	**ti** alzi
(noi)	**ci** alziamo
(voi)	**vi** alzate

Verbi non riflessivi	
(tu)	**mi** guardi
(noi)	**li** guardiamo
(voi)	**lo** guardate

IMPERATIVO

Verbi riflessivi	
(tu)	Alza**ti** !
(noi)	Alziamo**ci** !
(voi)	Alzate**vi** !

Verbi non riflessivi	
(tu)	Garda**mi** !
(noi)	Guardiamo**li** !
(voi)	Guardate**lo** !

I. Completa le frasi con la forma adeguata dell'imperativo dei verbi indicati a fianco:

1. Giovanni, ... questa canzone di Luca Carboni e poi dimmi cosa ne pensi. (ascoltare)
2. Ragazzi, ... quello che vi vuole dire Marco. sentire
3. Fabio, ... l'autobus, così arrivi prima. prendere
4. Perché state lì fuori? .... ! entrare
5. Carlo, ... ! Vengo con te. aspettare

II. Come il precedente:

1. Ragazzi, è tardi. .... ! alzarsi
2. Michela, ... in fretta ! Luigi ci aspetta. prepararsi
3. Marco, non sei in forma. .... di più! allenarsi
4. Se andate allo stadio, ... bene: fa freddo. coprirsi
5 .... , se no arriviamo in ritardo anche questa volta. sbrigarsi

III. Trasforma le indicazioni in frasi imperative:

Es: Di' a un tuo amico di aspettare Marco. *Aspettalo!*

1. Di' a Giorgio di accompagnare te e tua sorella a scuola. ____________________
2. Di' a Franco di aiutare i tuoi amici a fare i compiti. ____________________
3. Di' a Luisa e Davide di guardare il telegiornale. ____________________
4. Di' a tua madre di chiamarti alle sette. ____________________
5. Di' a Marta e Paola di portare le foto della gita. ____________________

SG 3

DISCORSO DIRETTO E INDIRETTO CON VERBI AL PRESENTE

Affermare

Discorso diretto		Discorso indiretto
Tiziana dice: "Domani mi alzo presto"	➡	Tiziana dice **che** domani si alza presto.
Lorenzo dice: "Vado a scuola in moto".	➡	Lorenzo dice **che** va a scuola in moto.
Antonio e Luigi dicono: "Noi ci divertiamo solo quando andiamo allo stadio".	➡	Antonio e Luigi dicono **che** si divertono solo quando vanno allo stadio.

Ordinare o chiedere di fare

Discorso diretto	Discorso indiretto
Tiziana dice a Maria: "Abbassa il volume!".	Tiziana dice a Maria **di** abbassare il volume.
La signora Tommasi dice : "Apri la porta!".	La signora Tommasi dice **di** aprire la porta.

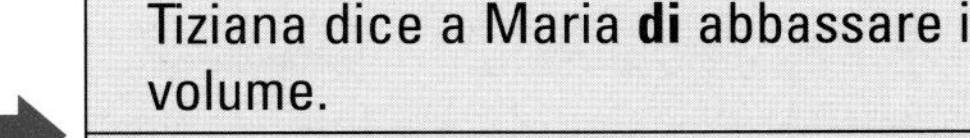

Chiedere per sapere

Discorso diretto	Discorso indiretto
Tiziana chiede a Maria:"Anche tu studi l'inglese?".	Tiziana chiede a Maria **se** anche lei studia l'inglese.
La signora Tommasi chiede a Roberto: "Abiti vicino al centro?".	La signora Tommasi chiede a Roberto **se** abita vicino al centro.

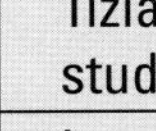

I. Trasforma il discorso diretto in discorso indiretto:

1. Giorgio e Vincenzo chiedono a Luigi : *"Guardi con noi la partita?".*
   Giorgio e Vincenzo chiedono a Luigi ....
2. Laura dice a Massimo: *"Accompagna Marta a casa!".*
   Laura dice a Massimo ....
3. Il professore dice agli studenti: *"State attenti!".*
   Il professore dice agli studenti ....
4. Paola dice : *"Fabio, sei in ritardo di mezz'ora."*
   Paola dice ....

II. Trasforma il discorso indiretto in discorso diretto:

1. La signora Grossi chiede a Luisa *se vuole un tè.*
   La signora Grossi chiede a Luisa: ".."
2. Claudio e Bruno dicono *che si allenano tre volte alla settimana.*
   Claudio e Bruno dicono: ".."
3. Michele dice a Marta *di prendere l'autobus delle 15.00.*
   Michele dice a Marta: ".."
4. Giulio dice a Margherita *di aiutare Maria a fare gli esercizi di matematica.*
   Giulio dice a Margherita: ".."

SG 4

GERUNDIO

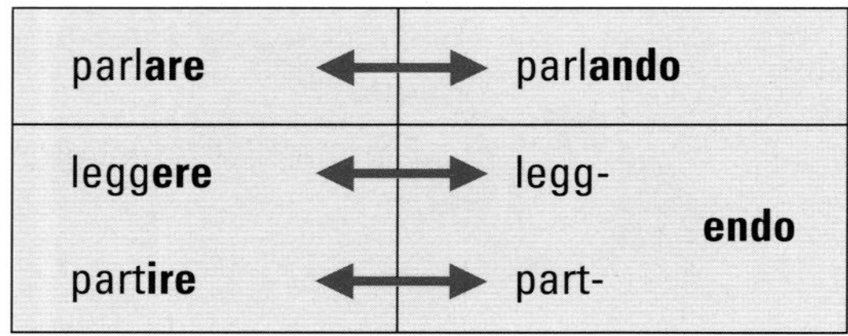

parl**are** ⟷	parl**ando**
legg**ere** ⟷	legg- **endo**
part**ire** ⟷	part- **endo**

ATTENZIONE!

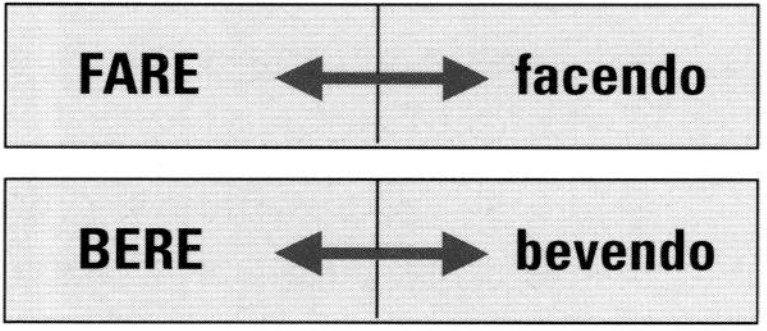

FARE ⟷	**facendo**
BERE ⟷	**bevendo**

STARE + GERUNDIO

Verbi non riflessivi

(io) (tu) (lui, lei, Lei)	**sto** **stai** **sta**	**facendo**	molti allenamenti.
(noi) (voi) (loro)	**stiamo** **state** **stanno**	**scrivendo**	una lettera a Paul.

Verbi riflessivi

(io) (tu) (lui, lei, Lei)	**mi** **ti** **si**	**sto** **stai** **sta**	**allenando**	per il torneo.
(noi) (voi) (loro)	**ci** **vi** **si**	**stiamo** **state** **stanno**	**divertendo**	molto.

(io) (tu) (lui, lei, Lei)	**sto** **stai** **sta**	**allenandomi** **allenandoti** **allenandosi**	per il torneo.
(noi) (voi) (loro)	**stiamo** **state** **stanno**	**allenandoci** **allenandovi** **allenandosi**	

I. Completa le frasi con la forma adeguata del verbo *stare* + il gerundio del verbo tra parentesi. Per i riflessivi usa entrambe le forme.

1. Ehi, ragazzi ! Guardate, ... Luca. (arrivare)
2. Ho molta fretta. Giulio mi .... (aspettare)
3. Mio fratello .... per la partita di domenica. (allenarsi)
4. Marta, che libro .... ? (leggere)
5. Il professore .... in classe proprio in questo momento. (entrare)
6. Ragazzi, cosa .... ? (fare)
7. Luigi e Matteo .... per il compito in classe di domattina. (studiare)
8. Bella festa, eh?! Noi .... un sacco. (divertirsi)
9. Secondo me, Carlo .... un po' troppo. (bere)
10. Noi .... da Fabrizio. Venite anche voi? (andare)

AUTOCONTROLLO
Ruolo A

Se non lo sai torna a...
(Ruolo B: pag. 198)

1) Paolo dice "Voglio vedere la partita." Rispondi alla domanda del tuo compagno. **LT a[3]**
2) Chiedi al tuo compagno che cosa c'è scritto sul giornale a proposito della Juventus. **LT a[3]**
3) Roberto chiede "Quando andiamo allo stadio?" Rispondi alla domanda del tuo compagno. **LT a[3]**
4) Incontri il tuo compagno, lo vedi vestito in modo elegante e gli chiedi dove va. **LT b[1]**
5) Chiedi al tuo compagno di descriverti fisicamente Franco. **LT c[1]**

FUNZIONI LINGUISTICHE

- RICHIAMARE L'ATTENZIONE IN UN RISTORANTE O IN UNA PIZZERIA
- ORDINARE QUALCOSA IN UN LOCALE
- CHIEDERE IL CONTO
- CHIEDERE E DARE INFORMAZIONI SU UN AVVENIMENTO PASSATO (1)

ASPETTI GRAMMATICALI

- PRONOMI INDIRETTI DEBOLI E FORTI
- NUMERALI CARDINALI MAGGIORI DI 100
- PARTICIPIO PASSATO (REGOLARE E IRREGOLARE)
- PASSATO PROSSIMO

1

Il cameriere ha confuso le ordinazioni. Qual è quella dei nostri amici? Parlane con un compagno.

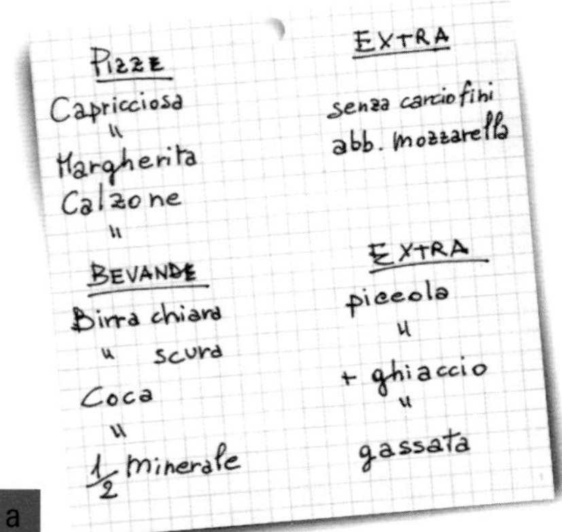

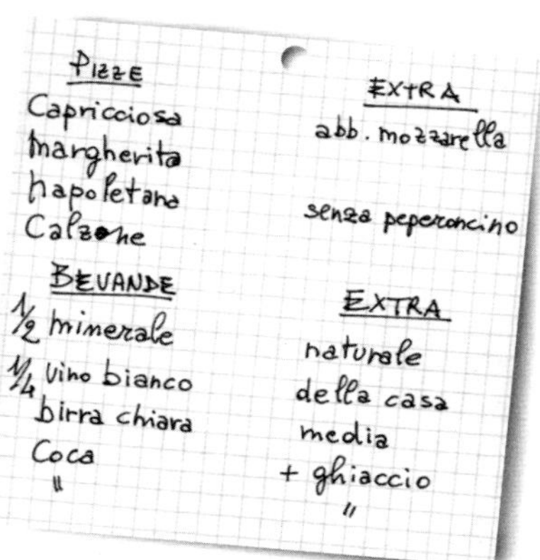

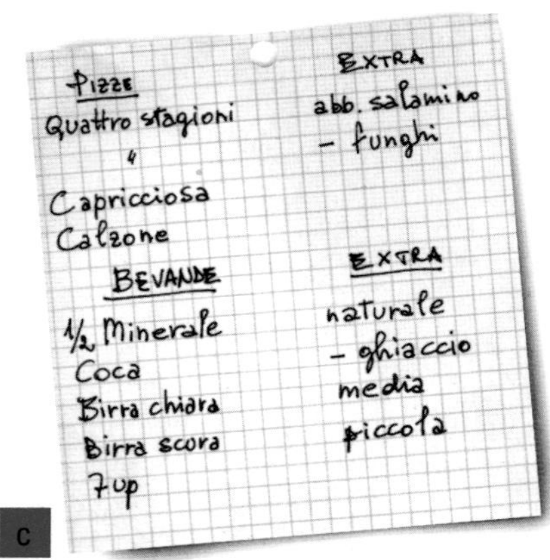

2

Guarda le pubblicità dei locali sul LT a. Vuoi organizzare una serata per i tuoi amici, quale scegli?

____

Perché? ____

E il tuo compagno, cos'ha scelto? ______________________________

Dove ti trovi abitualmente con gli amici nel tuo Paese? ____________________

▶ LT a[1] a[2], a[3]

3

Quale domanda per quale risposta?

A
1. Come vuoi la pizza capricciosa?
2. Prendi una birra?
3. Come lo vuoi il caffè?
4. Il gelato, come lo preferisci?
5. Come li vuoi gli spaghetti?

B
a) Senza zucchero, grazie.
b) Con un po' di panna montata.
c) La preferisco senza carciofini.
d) Con molto parmigiano.
e) Sì, ma piccola.

    5

Poi svolgi i dialoghi con un compagno.

4

Quali sono le battute giuste?

A
1. E da bere?
2. Vorrei una coca.
3. Volete ordinare?
4. Cameriere! Mi fa il conto, per favore?
5. Quant'è?
6. Ci porta il conto?
7. La coca la vuole con ghiaccio?

B
a. In lattina o in bottiglia?
b. Sì, subito.
c. Certo, lo preparo subito.
d. No, senza.
e. Sì, grazie. Due pizze ai funghi, per favore.
f. Diecimilaquattrocento.
g. Una birra media.

   4   

Poi svolgi i dialoghi con un compagno.

LT b

5

Vero o falso?

	V	F
Ieri Anna è andata al ristorante.		
Mara ha compiuto gli anni domenica.		
Mara ha offerto il caffè a tutti.		
Cristina paga 15 mila e cinquecento lire.		
Anna e Cristina sono in una pizzeria.		

6

Sottolinea le parti del seguente testo che NON corrispondono al brano ascoltato.

Anna racconta a Cristina che è andata a mangiare una pizza con Mara, suo fratello e altri tre amici. I sei amici sono andati alla pizzeria "La Tramontana"; prima hanno mangiato una pizza e poi Mara ha offerto la torta per il suo compleanno. Per regalo gli amici hanno dato a Mara un CD di Jovanotti.

LT b[1]

7

Quando hai fatto queste cose?
Esempio: Andare al cinema: Sono andato al cinema la settimana scorsa.

1. Mangiare un gelato: ______________________
2. Andare in vacanza: ______________________
3. Fare il compito in classe di matematica: ______________________
4. Comprare un CD: ______________________
5. Fare un regalo: ______________________
6. Essere malato: ______________________
7. Vedere un bel film: ______________________
8. Leggere un bel libro: ______________________
9. Andare all'estero: ______________________

LT c

8

Vero o falso?

	V	F
La pizza è nata alla fine degli anni '50.		
La pizza Margherita è stata inventata da un cuoco di Napoli.		
La pasta della pizza esiste da millenni.		
La pizza Margherita è stata creata in onore della regina Vittoria.		
La pizza degli arabi si chiamava pita.		

9

Cosa significa?

PAROLE	LO SO, SIGNIFICA...	NON LO SO, FORSE SIGNIFICA...	IL DIZIONARIO DICE...
nascere			
inventare			
cuoco			
esistere			
millennio			
bastare			
impero			

▶ LT Incontri

incontri

1 **Puoi visitare il Museo delle Paste Alimentari il giovedì alle 15.00?** ____________

2 **Quanti diversi tipi di pasta sono raffigurati secondo te sul davanti del volantino delle Paste Alimentari?**

____

Li hai mai assaggiati? ____________

Come si chiamano nella tua lingua? ____________

3 **Osserva la tabella *"Cinque giorni di fast food"*: in quale caso è consigliabile mangiare una barretta energetica al pomeriggio?**

a se avete pranzato da più di sei ore
b se a pranzo avete mangiato un panino
c se la sera avete in programma di fare sport

4 **Dall'articolo *"Pasta über alles"* emergono ben 7 pregi della pasta. Li sai individuare?**

1 ____________ 5 ____________
2 ____________ 6 ____________
3 ____________ 7 ____________
4 ____________

5 **Quanto tempo occorre in totale per preparare la pizza?** ____________

OCCHIO ALLA GRAMMATICA!

G 1

PRONOMI INDIRETTI DEBOLI E FORTI

deboli

Marco	**mi** **ti** **gli / le/ Le** **ci** **vi** **li**	ha offerto da bere.

forti

Marco	ha offerto da bere	**a**	**me** **te** **lui / lei /Lei** **noi** **voi** **loro**

ATTENZIONE!

La forma forte dei pronomi indiretti si usa anche dopo le altre preposizioni:
es. Vieni **con me**?
Ho comprato un regalo **per te**.

I pronomi indiretti forti si usano quando si vuole porre l'attenzione sul pronome, come negli esempi:
Marco mi offre da bere. / Marco offre da bere **a me**, non **a loro**.

I. Completa le frasi con la forma adeguata del pronome indiretto:

1. Quando Lucia va al cinema con Luigi, lui .... paga sempre il biglietto.
2. Cameriere, ... porta il conto, per favore?
3. Milena, ... piace la matematica?
4. Nostro padre .... dice sempre di tornare presto la sera.
5. Ragazzi, se non volete andare a piedi, ... presto la macchina.
6. Quando siamo insieme, Maria .... parla sempre di Luca.
7. Sono andata alla festa di Elena e .... ho portato dei fiori.
8. - Paolo, ho sentito che telefoni spesso a Marta! ~ Non sono io che telefono ...., è lei che telefona ......!

II. Riordina le parole in modo da formare frasi di senso compiuto.

1. una tu margherita e lo pizza prendo ? , ______________________
2. ristorante Ieri sera con cenato i ho miei al genitori. ______________________
3. Anch'io birra prendo schiuma voglio ma la una senza. ______________________
4. tornati casa con Siete a o la con autobus l' metropolitana ?______________________
5. già quel visto volentieri Ho film rivedo ma lo. ______________________

SG 2

NUMERI CARDINALI MAGGIORI DI 100

100 cento	**1000** mille	**10000** diecimila
200 duecento	**2000** duemila	**20000** ventimila
300 trecento	**3000** tremila	**30000** trentamila
400 quattrocento	**4000** quattromila	**40000** quarantamila
500 cinquecento	**5000** cinquemila	**50000** cinquantamila
600 seicento	**6000** seimila	**60000** sessantamila
700 settecento	**7000** settemila	**70000** settantamila
800 ottocento	**8000** ottomila	**80000** ottantamila
900 novecento	**9000** novemila	**90000** novantamila
		100000 centomila
		1000000 un milione

151 centocinquantuno
369 trecentosessantanove
672 seicentosettantadue

1223 milleduecentoventitré
3536 tremilacinquecentotrentasei
9525 novemilacinquecentoventicinque

10336 diecimilatrecentotrentasei
26327 ventiseimilatrecentoventisette
74319 settantaquattromilatrecentodiciannove

I. Guarda il conto di questa spesa al supermercato e leggi a voce alta i prezzi che vedi scritti:

PRISMA S.N.C.
VIA PIO ROLA 51
GIAVERNO (TO)
P. IVA 06981750018

PASTA
PASTA SEMO 1590
PASTA DECEC 1620
RISO ARB 2140
OLIO EX. V. 1010
ORTOFRUTTA 4070
LATTE FRES 3610
PASTA SEMO 2070
CRACKER 1050
SUBTOT 2740
MAIONESE C. 19900
CAFFE' LAV 1560
SUBTOT 11470
13030

TOTALE 32093
CONTANTI 50000
RESTO 17070

T0037A0110P005C05
06.07.98 SC. FISC. N.37
MF50 81005201
ARRIVEDERCI E GRAZIE

G 3

PARTICIPIO PASSATO

Regolare

Verbi in **-ARE**	**-ato**	mangiare ⇒ mangi**ato** parlare ⇒ parl**ato**
Verbi in **-ERE**	**-uto**	tenere ⇒ ten**uto** piacere ⇒ piac**iuto**
Verbi in **-IRE**	**-ito**	sentire ⇒ sent**ito** finire ⇒ fin**ito**

Irregolare

chiudere perdere prendere spendere	chiu**so** per**so** (perduto) pre**so** spe**so**	aprire offrire scegliere nascere morire	aper**to** offer**to** scel**to** na**to** mor**to**	chiedere rimanere rispondere vedere	chie**sto** rima**sto** rispo**sto** vi**sto** (veduto)
mettere promettere succedere	me**sso** prome**sso** succe**sso**	leggere fare scrivere dire	le**tto** fa**tto** scri**tto** de**tto**	bere venire	**bevuto** ven**uto**

G 4

PASSATO PROSSIMO

con l'ausiliare *AVERE*

Ieri sera	(io) (tu) (lui, lei, Lei)	**ho** **hai** **ha**	mangiato	una pizza ai funghi.
	(noi) (voi) (loro)	**abbiamo** **avete** **hanno**		

con l'ausiliare *ESSERE*

Ieri sera	(io) (tu) (lui, lei, Lei)	**sono** **sei** **è**	andat**o** / **a**	in pizzeria con gli amici.
	(noi) (voi) (loro)	**siamo** **siete** **sono**	andat**i** / **e**	

Passato prossimo ➡ indicativo presente di *essere* o *avere* ✚ participio passato

ATTENZIONE!

I verbi di movimento e i verbi riflessivi hanno l'ausiliare *essere*.

Per es: *Sei andato dal panettiere?*
Sono venuto in autobus. *Mi sono svegliato.*

Quando il passato prossimo si forma con l'ausiliare *avere*, il participio passato rimane invariato:
Ieri Luigi **ha finito** di lavorare molto tardi.
Anna **ha cambiato** casa.
Ieri sera Francesco e Mauro **hanno guardato** la televisione fino a mezzanotte.
La settimana scorsa Marta e Paola **hanno dormito** a casa di amici.

Quando il passato prossimo si forma con l'ausiliare *essere*, il participio passato si accorda con il soggetto
L'altra sera **mio fratello è tornato** dopo cena.
Ieri pomeriggio **Lucia è uscita** con Marco.
I miei genitori sono partiti stamattina.
Domenica scorsa **Angela e Stefania sono andate** al cinema.

I. Completa le frasi con la corretta terminazione dei verbi al passato:

1. Luisa ha .... (sapere) rispondere a tutte le domande.
2. Ieri sera Claudio e Paolo hanno .... (studiare) chimica fino a tardi.
3. Ragazzi, se avete .... (finire) di studiare, potete uscire con i vostri amici.
4. Sabato scorso i genitori di Lucia hanno .... (festeggiare) i venticinque anni di matrimonio
5. Abbiamo .... (invitare) alla festa anche il fratello di Marta.

II. Come il precedente:

1. Ieri Luca e Gianni sono arriv........... tardi alla lezione.
2. I suoi amici sono part........... ieri sera per Rimini.
3. Elena e Francesca sono usc........... stamattina presto e non sono ancora torn...........
4. Matteo è ven........... alla festa con i suoi amici di Bologna.
5. Giorgio e Franco sono and........... in palestra, Anna, invece, è and........... in piscina.

III. Come il precedente:

1. Mi dispiace, Luca. Laura non c'è. È and........... dal dentista.
2. Manuela è stanca perché ha cammin........... per un'ora.
3. Ieri pomeriggio i miei genitori hanno parl........... con il professore di matematica.
4. Sabato scorso siamo entr........... gratis al concerto.
5. Carla ha segu........... un corso di cucina ed è divent........... una brava cuoca.

IV. Completa le frasi con la forma corretta del participio passato dei verbi indicati:

1. Antonio ha .... ai suoi genitori di non fare tardi come al solito. (promettere)
2. Serena, hai .... Lorenzo ieri sera ? vedere
3. Ho .... a Donatella se può darmi una mano in matematica, e lei chiedere
   mi ha .... subito di sì. rispondere
4. Sergio ha .... più di cinquantamila lire per comprare il regalo a Marta. spendere

V. Come il precedente:

1. I genitori di Paolo hanno .... una nuova pizzeria in Piazza Mazzini. aprire
2. Allora, avete .... la pizza che volete mangiare? scegliere
3. Ragazzi, avete .... i prezzi? Questo locale è troppo caro per noi. vedere
4. Il cameriere ha .... le nostre ordinazioni su un pezzo di carta. scrivere
5. Prima di tornare a casa, Marisa ha .... un giro in centro. fare

VI. Completa le frasi con il passato prossimo dei verbi indicati:

1. Marco e la sua famiglia .... al ristorante e andare
   .... le specialità della casa. mangiare
2. La notte scorsa .... a casa di Dario. (noi) dormire
3. Che film .... l'altra sera alla televisione? (voi) vedere
4. Stamattina .... l'autobus, perciò (io) perdere
   .... tardi a scuola. arrivare
5. Ieri Marta e Luisa .... in casa tutto il giorno. rimanere
6. .... una lettera per te. arrivare
7. Stamattina Nicoletta non .... a scuola perché ieri andare
   sera .... male. stare
8. Luciano e Anna .... che dire
   .... molto bene in Austria. stare
9. .... a mia madre di fare la pizza. (io) chiedere
10. Dove .... le vacanze l'estate scorsa? (voi) passare

AUTOCONTROLLO
Ruolo A

Se non lo sai torna a...
(Ruolo B: pag. 198)

1) Chiami il cameriere in pizzeria per fare l'ordinazione. **LT a[1]**
2) Ordini al cameriere una pizza capricciosa. **LT a[2]**
3) Chiedi al cameriere di pagare una coca cola al bar. **LT a[3]**
4) Chiedi al tuo compagno come ha passato la domenica. **LT b[1]**
5) Non sai se mettere o no il ghiaccio nel tè per il tuo compagno. Chiedi a lui che cosa preferisce. **LT a[3] finestrella**

FUNZIONI LINGUISTICHE

- INIZIARE E CONCLUDERE UNA CONVERSAZIONE TELEFONICA
- CHIEDERE DI CHIARIRE IL SIGNIFICATO DI UNA PAROLA
- CHIARIRE IL SIGNIFICATO DI UNA PAROLA

ASPETTI GRAMMATICALI

- INTERROGATIVO *QUANTO*
- ARTICOLO PARTITIVO
- PRONOME PARTITIVO *NE*

1

Riascolta le tre brevi conversazioni e poi riempi la griglia.

1ª telefonata:
A. Cosa si dicono all'inizio? ______________________
B. Come si salutano alla fine? ______________________

2ª telefonata:
A. Cosa si dicono all'inizio? ______________________
B. Come si salutano alla fine? ______________________

3ª telefonata:
A. Cosa si dicono all'inizio? ______________________
B. Come si salutano alla fine? ______________________

▶ LT a[1]

2

Riscrivi l'essenziale del testo a¹ LT in 50 parole (l'originale ne conta 126), usando il più possibile parole provenienti dal testo stesso.

____
____
____
____
____
____

3

Cosa significa?

PAROLE	LO SO, SIGNIFICA...	NON LO SO, FORSE SIGNIFICA...	IL DIZIONARIO DICE...
la mania			
il cellulare			
il record			
il millennio			
il superfluo			
il fascino			
l'euforia			

4

Completa le seguenti conversazioni telefoniche e poi svolgi i dialoghi con un compagno.

1. a. Pronto?
   b. ______________________________
   a. Ah, ciao! No, Paolo non è in casa.
   b. ______________________________
   a. E'andato in piscina.
   b. ______________________________
   a. Dovrebbe tornare verso le cinque.
   b. ______________________________
   a. Va bene. Ciao.

2. a. Pronto?
   b. ______________________________
   a. Buongiorno signora.
   b. ______________________________
   a. No, mia madre non è in casa. Devo dirle qualcosa?
   b. ______________________________
   a. Va bene. ArrivederLa.
   b. ______________________________

LT b

5

Vero o falso?

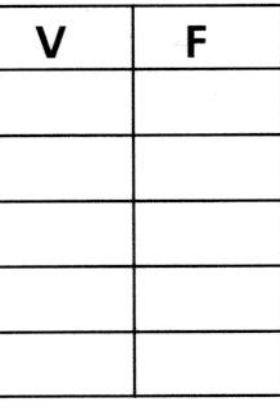

	V	F
Luisa compie gli anni.		
Gianna fa un contorno.		
Luisa telefona a Gianna.		
Luisa ha già deciso cosa preparare.		
Secondo la mamma di Gianna la pasta primavera è facile da fare.		

6

Trova le coppie!

A
1. La cena è
2. Gianna
3. Luisa
4. La pasta primavera
5. Le ragazze preparano dei piatti
6. La ricetta
7. La madre di Gianna

B
a. per la cena della squadra
b. risponde al telefono
c. è un primo
d. chiede aiuto a sua madre
e. è per quattro persone
f. non sa cosa fare
g. a casa di una delle giocatrici

LT b^1,b^2

 1  2  3  4  5  6  7

7

Riordina le frasi per formare quattro minidialoghi. Poi svolgi i minidialoghi con un compagno.

1. Ciao!
2. Cosa intendi con "si chiama Pietro?"
3. Cos'è il gilet?
4. E che cosa intendi con "mezzo"?
5. Ehi, ciao Paola!
6. Intendo l'autobus, il tram o la metropolitana.
7. E' un motorino, è come la vespa, ma ha la cilidrata di 50cc.
8. E' una specie di giacca ma senza maniche.
9. Gianna, mi presti la penna, per favore?
10. Intendo Pietro Tornaindietro, cioè che me la devi restituire.
11. Laura, come vai a casa?
12. Prendo un mezzo.
13. Sai che mi sono comprata un "Aprilia WWW"?
14. Sì, ma guarda che si chiama Pietro.
15. Un "Aprilia WWW"? E che cos'è?

1° minidialogo ☐+☐+☐+☐ | 2° minidialogo ☐+☐+☐+☐ | 3° minidialogo ☐+☐ | 4° minidialogo ☐+☐+☐+☐+☐

8

A turno con un compagno, chiedetevi cosa significano le espressioni elencate nella colonna A e tratte da testo a[1] del LT. Se necessario rileggete il testo e controllate le parole nell'esercizio n. 3 del QL. Per dare le spiegazioni scegliete fra quelle date nella colonna B.

Es: Cosa intende l'autore con "ha contagiato"? *Intende che il telefonino è molto diffuso.*

A
1. "ha contagiato"
2. "Solo gli Stati Uniti e il Giappone ci battono"
3. "Il telefonino è ormai un fenomeno di massa"
4. "Il senso di libertà che regala"

B
1. Ce l'hanno tutti
2. Si è diffuso rapidamente
3. Deve essere restituito
4. È gratuito
5. È meglio cambiare idea
6. Avere un telefonino ti dà l'impressione di essere più libero
7. È pesante
8. Solo in questi paesi la percentuale di telefonini è più alta che in Italia

▶ LT c

9

Quale azione?

a. cuocere
b. mescolare
c. tagliare
d. decorare
e. versare
f. scolare

1 
2 
3 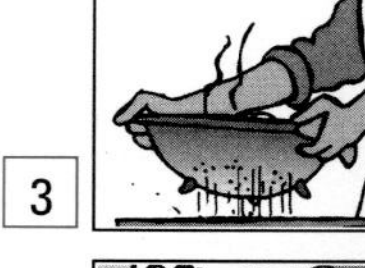
4 
5 
6 

▶ LT c[1]

 A ☐ 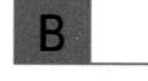 B ☐ 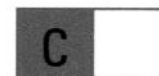 C ☐  D ☐  E ☐  F ☐

Ora racconta a un tuo compagno la ricetta di un piatto che ti piace molto.

.0

Ascolta di nuovo i dialoghi e rispondi:

Luisa fa la spesa
[a] in un supermercato
[b] al mercato
[c] in un negozio

Luisa deve comprare
[a] delle olive verdi
[b] dei cetriolini sott'olio
[c] quattro pomodori

La pasta primavera è per
[a] dieci persone
[b] sette persone
[c] quindici persone

.1

Quale frase senti?

- [ ] 1a Vorrei delle olive verdi.
- [ ] 1b Voglio delle olive verdi.

- [ ] 1a Le olive le abbiamo in vasetto o pacchettino. Come le preferisci?
- [ ] 1b Le olive le abbiamo in vasetto o sciolte. Come le preferisci?

- [ ] 1a Guarda che non ti basta una melanzana per dieci persone.
- [ ] 1b Guarda che non ti basta una melanzana a dieci persone.

- [ ] 1a Perché non prendi le buste?
- [ ] 1b Perché non prendi queste buste?

- [ ] 1a Ma... che gusti sono?
- [ ] 1b Ma... che gusti ci sono?

- [ ] 1a Vediamo, per 10 .... dammi 5 buste.
- [ ] 1b Vediamo, per 10 .... mi dia 5 buste.

.2

Con un compagno, decidete un piatto da portare alla festa di un vostro amico. Fate poi qui sotto la lista di quello che vi serve.

____

____

____

____

____

Ora leggete la vostra lista della spesa al resto della classe. Chi indovina che cosa volete preparare?

▶ LT
Incontri

incontri

1 **Come si fa a creare la *"pioggia artificiale"*?**

2 **La *"pioggia artificiale"* è una novità assoluta?**

3 **Qual è la caratteristica dell'ambiente naturale italiano?**

4 **In che senso *"L'agricoltura può salvare l'ambiente?"***

5 **Quali sono i principali prodotti agricoli della Sicilia?**

6 **E della Liguria?**

OCCHIO ALLA GRAMMATICA!

G 1

INTERROGATIVO *QUANTO?*

Quant**o**	zucchar**o**	devo comprare?
Quant**i**	pomodor**i**	
Quant**a**	past**a**	
Quant**e**	aranc**e**	

I. Completa le frasi con la forma corretta dell'interrogativo *quanto*?:

1. .... zucchero prendi nel tè?
2. Vado dal fruttivendolo. .... peperoni devo comprare?
3. .... cucchiaini di zucchero vuoi nel caffè?
4. .... soldi hai speso dal macellaio?
5. .... insalata devo comprare per la cena di stasera?
6. .... farina ti serve per fare la pizza?
7. .... etti di prosciutto servono per l'antipasto?
8. Mi dici .... frutta ti serve per la macedonia?
9. .... tagliatelle ha fatto la mamma di Luigi?
10. Visto che vado in centro, passo dal fornaio. .... pane compro?

G 2

ARTICOLO PARTITIVO

Al supermercato devo comprare:			
del	prosciutto	**dei**	piselli
dello	spek	**degli**	asparagi
della	maionese	**delle**	olive
dell'	insalata		

ATTENZIONE!

Articolo partitivo ➡ Preposizione **di** ✚ articolo determinativo

Di + il = del
Di + la = della
Di + lo = dello
Di + l' = dell'

Di + i = dei
Di + gli = degli
Di + le = delle

ATTENZIONE!

L'articolo partitivo si usa quando non si conosce la quantità esatta.

Del pane = un po' di pane
Dell'insalata = un po' di insalata

I. Leggi questa lista della spesa e poi scrivi sotto che cosa deve comprare Marta:

PANE
LATTE
UOVA
SOTTACETI
ZUCCHERO
FARINA
SPINACI
TAGLIATELLE
INSALATA VERDE
ACETO
ARANCE
UVA BIANCA
POMODORI
RISO
CAFFE'

Marta deve comprare: del pane, ______________________

____

____

____

____

SG 3

PRONOME PARTITIVO *NE*

Quanti peperoni vuoi? ➡ Voglio quattro peperoni ➡ **Ne** voglio quattro.

Quante melanzane compri? ➡ Compro due melanzane ➡ **Ne** compro 2.

Quanto	**zucchero**	compri?	**Ne**	compro	**un chilo.**
Quanti	**pomodori**				**mezzo chilo.**
Quanta	**pasta**	compra?			**una confezione piccola.**
Quante	**arance**				**due etti.**

ATTENZIONE!

Il pronome partitivo *ne* si riferisce a una quantità già nominata prima.

I. Completa le frasi scegliendo tra la particella *ne* e la forma adeguata del pronome diretto:

1. E' finito il pane. Quando esci, ... compri mezzo chilo?
2. La pizza, ... voglio senza pomodoro.
3. La birra mi piace molto, ma .... bevo poca.
4. Vorrei delle mele. Me .... dà due chili, per favore?
5. Mauro, a tavola! La pasta è pronta. Quanta .... vuoi?
6. Chi prepara l'insalata di riso per la festa di domani? .... preparate voi?
7. Prendo gli spaghetti al pomodoro, ma .... vorrei al dente.
8. Mia madre ha fatto una torta al cioccolato; .... vuoi una fetta?
9. L'acqua, io la prendo gassata. E tu, come .... preferisci?
10. Il tè mi piace senza zucchero, ma .... metto almeno due cucchiaini nel caffé.

II. Collega le domande della colonna A con le risposte corrispondenti della colonna B:

A	B
1. Ti piacciono le olive?	a. Ne serve circa un etto a testa.
2. Quanta pasta serve per cinque persone?	b. Una tazza piena.
3. Quanto latte bevi a colazione?	c. Sì, ma solo quelle nere.
4. Visto che vai dal fruttivendolo, compri anche un po' di arance?	d. Sì. E quanti chili ne compro?

1 ☐ 2 ☐ 3 ☐ 4 ☐ 5 ☐

AUTOCONTROLLO
Ruolo A

Se non lo sai torna a...
(Ruolo B: pag. 198)

1) Sei la madre (il padre) di Diego. Tuo figlio non è a casa, ritorna fra un'ora circa. Rispondi al telefono.	**LT a²**
2) Vuoi parlare con la sorella del tuo compagno e le telefoni. Risponde il tuo compagno. Svolgi la conversazione.	**LT a²**
3) Chiedi al compagno gli ingredienti del sugo alla bolognese.	**LT c¹ finestrella**
4) Vuoi sapere che cosa prepara il tuo compagno per la festa di classe. Tu fai la macedonia.	**LT b**
1) Vai dal panettiere a comprare _ chilo di pane all'olio. Svolgi la conversazione. Saluta quando vai via.	**LT c¹ finestrella**

FUNZIONI LINGUISTICHE

- CHIEDERE IL PARERE DI QUALCUNO ED ESPRIMERE IL PROPRI
- PARLARE DI COSE DEL FUTURO (2)

ASPETTI GRAMMATICALI

- INDICATIVO FUTURO SEMPLICE
- PERIODO IPOTETICO
- PRONOMI COMBINATI

1

Riascolta il testo:

1. Di che tipo di trasmissione si tratta?
[a] giornale radio
[b] trasmissione sull'alimentazione
[c] programma musicale

2. Nella trasmissione si parla
[a] di salute
[b] di abitudini alimentari
[c] di problemi dell'ambiente

3. Secondo il Professor Vaccari, i fast food sono
[a] un'abitudine alimentare corretta
[b] un'abitudine alimentare sbagliata
[c] un'abitudine alimentare poco diffusa

2

Qual è la risposta giusta?

1. Qual è il suo parere sul fenomeno dei fast food?
2. In cosa consiste precisamente la "dieta mediterranea"?
3. Ci sono delle regole d'oro per un'alimentazione moderna?
4. Mangiare velocemente un panino al bar all'ora di pranzo è un'abitudine alimentare corretta?

a. Tanti carboidrati, pochi grassi e una giusta quantità di proteine.
b. No, a mio parere il pranzo deve essere un un momento di pausa.
c. Sì, ci sono tre regole fondamentali.
d. Secondo me, è una moda passeggera.

LT a[1]

3

a) Quante volte al mese frequenti il fast-food?
[ ] mai o al massimo una volta
[ ] da 1 a 3 volte
[ ] più di 3 volte

b) Quante calorie fornisce un hamburger? ____________

c) Quanti grassi? ____________

d) Lo sapevi già che il cibo dei fast food contiene così tante calorie e così tanti grassi?
[ ] sì
[ ] no

LT a[2]

4

Qual è la battuta giusta?

1. - Paolo, qual è il tuo parere sul discorso che ha fatto il prof. Vaccari?
   ~ .... ha detto cose giuste.

2. - .... professore, il cibo dei fast food è di buona qualità?
   ~ No, ...

3. - Laura, che cosa pensi della dieta mediterranea?
   ~ .... è molto sana.

4. - Secondo te Giacomo, Paolo ha ragione?
   ~ Sì, ...

5. - .... , signora, una trasmissione sull'alimentazione è interessante?
   ~ Sì, ... è molto interessante.

5

Stai per leggere l'articolo b sul LT, scritto dal prof. Vaccari e intitolato *"Che cosa mangeremo?"*. Leggi prima il sottotitolo.

Secondo te, l'articolo tratterà dei seguenti argomenti?

- [a] la dieta vegetariana
- [b] le tecniche future di conservazione dei cibi
- [c] l'importanza delle vitamine
- [d] cosa si mangiava 50 anni fa
- [e] l'invenzione del forno a micro onde
- [f] l'abolizione della pizza
- [g] le cucine automatiche del futuro
- [h] i cibi in pillola

Ora leggi il testo. Dopo la lettura, controlla con un tuo compagno le risposte.

▶ LT b

6

Cosa significa?

PAROLE	LO SO, SIGNIFICA...	NON LO SO, FORSE SIGNIFICA...	IL DIZIONARIO DICE...
futuro			
selezionato			
nutriente			
caloria			
impermeabile			
sufficiente			
freschezza			
scaduto			
frigorifero			
buttare via			
spremere			

7

E tu cosa mangi? Se non sai il nome di alcuni cibi, cercali sul dizionario.

A colazione: ______

A metà mattinata: ______

A pranzo: ______

A merenda: ______

A cena: ______

_T b[1]

8

Trascrivi qui sotto tutti i verbi al futuro che hai incontrato nell'articolo scritto dal prof. Vaccari. Ce ne sono 8. Qual è secondo te l'infinito?

Tempo futuro	Infinito
______	______
______	______
______	______
______	______
______	______
______	______
______	______
______	______

9

Ora scrivi 6 frasi usando uno o più verbi al futuro fra quelli che hai elencato sopra. Naturalmente le tue frasi devono essere diverse da quelle del prof. Vaccari.

1. ______
2. ______
3. ______
4. ______
5. ______
6. ______

▶ LT
Incontri

incontri

1 **Guarda tutti i piatti raffigurati. Ce ne sono alcuni che conosci già? Quali?**

____

2 **Ora guarda le spiegazioni dei piatti che non conosci. Quali sono i tre piatti che ti piacerebbe assaggiare? Perché?**

____

____

3 **Prova a creare un menù per un pasto completo scegliendo fra i piatti raffigurati. Ricorda che un pasto completo comprende: Antipasto - Primo piatto - Secondo piatto - Dolce**

____

____

SG 1

OCCHIO ALLA GRAMMATICA!

IL FUTURO SEMPLICE

Coniugazione regolare

		comprare	**prend**ere	**scopr**ire	
In futuro	(io) (tu) (lui, lei, Lei)	compr**erò** compr**erai** compr**erà**	prend**erò** prend**erai** prend**erà**	scopr**irò** scopr**irai** scopr**irà**	i cibi biotecnologi
	(noi) (voi) (loro)	compr**eremo** compr**erete** compr**eranno**	prend**eremo** prend**erete** prend**eranno**	scopr**iremo** scopr**irete** scopr**iranno**	

ATTENZIONE!

Verbi in **-ciare** **-giare**	comin**ciare** man**giare**	cominc**-** mang**-**	**erò** **erai** **erà** **eremo** **erete** **eranno**
Verbi in **-care** **-gare**	cer**care** pa**gare**	cer**ch-** pa**gh-**	

Coniugazione irregolare

essere avere	sa- av-	**rò**
dare stare fare	da- sta- fa-	**rai**
andare potere dovere sapere vedere	and- pot- dov- sap- ved-	**rà** **remo**
bere rimanere tenere volere venire	be**r**- rima**r**- te**r**- vo**r**- ve**r**-	**rete** **ranno**

I. Inserisci negli spazi mancanti la forma appropriata del futuro dei verbi indicati a fianco:

1. Fra qualche anno (noi) .... i cibi prodotti dalla biotecnologia. (mangiare)
2. Se lo dici a Gianni, sicuramente .... venire anche lui. (volere)
3. Non so ancora se (noi) .... al mare o in montagna. (andare)
4 In futuro le macchine da scrivere non ci .... più. (essere)
5 (Io) Non .... mai più niente in quel negozio, è carissimo. (comprare)

II. Come il precedente:

1. Quando .... la scuola, (io) non .... più uscire la sera. (cominciare - potere)
2. Venerdì sera .... una festa a casa mia. Spero che ci .... tutti. dare essere
3. L'anno prossimo Mario .... diciotto anni e finalmente .... prendere la patente. compiere potere
4. Se (tu) .... quella cura, ... molto meglio, vedrai. fare - stare
5. Stefano .... tornare in palestra solo quando .... guarito. potere essere

SG 2

PERIODO IPOTETICO

Se **ho** tempo, ti **telefono**
Se non **fai** attenzione, ti **ammalerai**
Se **avrò** tempo, lo **farò**

Periodo ipotetico:

Se + indicativo presente	➡	indicativo presente
Se + indicativo presente	➡	indicativo futuro semplice
Se + indicativo futuro semplice	➡	indicativo futuro semplice

I. Forma frasi di senso compiuto:

A	B
1. Se mi darete un passaggio,	a. si annoierà a morte.
2. Se tornate a casa per l'ora di cena,	b. ti divertirai un mondo.
3. Se Luigi rimarrà tutto il giorno in casa,	c. puoi prendere qualcos'altro.
4. Se vieni con noi,	d. arriverò puntuale all'appuntamento.
5. Se non ti piace la pizza,	e. mangiamo insieme.

1 ☐ 2 ☐ 3 ☐ 4 ☐ 5 ☐

SG 3

I PRONOMI COMBINATI

ATTENZIONE!

A. Paolo scrive una lettera a te.
B. Gianni dà un regalo a Marta.
C. Daniela dà due libri a noi.

Se vuoi sostituire il complemento oggetto:

A. Paolo la scrive a te.
B. Gianni la dà a Marta.
C. Daniela ne dà 2 a noi.

Se vuoi sostituire il complemento indiretto:

A. Paolo ti scrive una lettera.
B. Gianni le dà un regalo.
C. Daniela ci dà due libri.

Se li vuoi sostituire entrambi:

A. Paolo te la scrive.
B. Gianni glielo dà.
C. Daniela ce ne dà 2.

me **te** **glie-** **ce** **ve** **glie-**	**+ lo / la / li / le** **+ ne**

I. Sostituisci sia il complemento oggetto che il complemento indiretto

1. Io presto la penna a Paolo.

___

2. Luca deve restituire i libri a me.

___

3. Tu dici le risposte a noi.

___

4. Voi leggete il racconto a Marta.

___

5. Noi consigliamo una buona pizzeria a loro.

___

6. Loro portano a te i dischi per la festa.

___

II. Collega le domande con le rispettive risposte:

1. Chi dice a Luisa di venire domani mattina alle otto?
2. Paghi tu la pizza a Francesca?
3. Mi dirai la verità?
4. Avete regalato voi quel disco a Mario?
5. Ci date un passaggio in macchina?

a. Sì, te lo prometto.
b. No, gliel'hanno regalato i suoi genitor
c. Sì, ve lo diamo volentieri.
d. Glielo dico io stasera.
e. No, gliela pagherà il suo ragazzo.

1		2		3		4		5	

III. Completate le frasi, scegliendo tra le parole elencate sotto:

fine - finiranno - glielo - lo - parte - piano - prestiamo - prossima - suo - ve

1. Marco, te .... dico sempre di andare .... con il motorino!
2. La settimana ....Luigi .... per la Germania e tornerà soltanto alla .... dell'estate.
3. Voglio regalare quell'orologio a Marta per il .... compleanno. .... compro con i soldi che ho risparmiato quest'estate.
4. Se vi serve la tenda, ... la .... noi.
5. Non so ancora quando .... le lezioni.

AUTOCONTROLLO **Ruolo A**	**Se non lo sai torna a...** (Ruolo B: pag. 198)
1) Chiedi al prof. Vaccari il suo parere sui prodotti biologici.	**LT a^{2}**
2) Chiedi al prof. Vaccari una previsione sui cibi del 2050.	**LT b^{1}**
3) Dai una risposta negativa alla domanda del tuo compagno.	**LT a^{1}**
4) Chiedi al tuo compagno il suo giudizio sui cibi biotecnologici.	**LT a^{1}**
5) Rispondi alla domanda del tuo compagno ed esprimi il tuo parere positivo su Internet dicendo perché ti piace.	**LT a^{2}, b^{1}**

FUNZIONI LINGUISTICHE

- INFORMARSI SULLE PREFERENZE ALTRUI ED ESPRIMERE LE PROPRIE (2)
- FARE CONFRONTI (2)
- CHIEDERE E DIRE L'ORA
- CHIEDERE E DARE INDICAZIONI DI ORARIO

ASPETTI GRAMMATICALI

- PREPOSIZIONI *SU* E *CON*
- PREPOSIZIONI ARTICOLATE
- USO DELLE PREPOSIZIONI SEMPLICI E ARTICOLATE
- COMPARAZIONE (2) FRA VERBI

1

Riascolta il dialogo.
Quali delle seguenti attività vengono nominate?

	SÌ	NO
1. Nuotare		
2. Fare un corso di tennis		
3. Fare un corso di immersione		
4. Andare a Rimini in campeggio		
5. Studiare l'inglese in Inghilterra		
6. Andare in montagna		
7. Fare un corso di canoa		

2

Chi vuole andare dove?

Gianni ______________________________

Mauro ______________________________

Ilaria ______________________________

3

Eccoti quattro diverse introduzioni al dialogo. Solo una però può andare bene. Se necessario riascolta il dialogo.
a) Qual è l'introduzione giusta?
b) In base a quali frasi l'hai capito? Sottolineale.

1. Già da mesi Ilaria, Gianni e Mauro hanno deciso di andare in vacanza insieme. Ora devono solo pensare come andarci.
2. Ilaria, Gianni e Mauro decidono di andare a fare trekking insieme, perché Mauro conosce un istruttore che organizza un giro bellissimo.
3. Ilaria, Gianni e Mauro vogliono andare in vacanza insieme, ma non sono ancora d'accordo sul periodo in cui andare.
4. Ilaria Gianni e Mauro parlano della possibilità di fare una vacanza sportiva, ma devono ancora decidere dove andare e quale sport praticare.

▶ LT a1

4

Quale titolo daresti all'articolo a1 sul LT?

____

Discuti con un compagno sulla scelta migliore.
Ora collega i capoversi corrispondenti agli argomenti elencati qui sotto.

a) Suddivisione del corso	I capoverso
b) Sistemazione	II capoverso
c) La canoa	III capoverso
d) Altre attività oltre alla canoa	IV capoverso
e) Informazioni pratiche	V capoverso

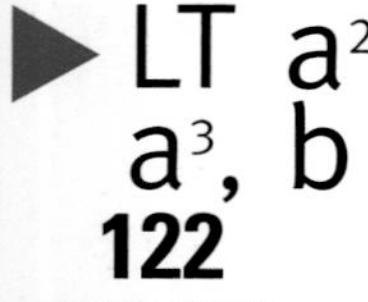

▶ LT a2, a3, b

5

Cosa significa?

PAROLE	LO SO, SIGNIFICA...	NON LO SO, FORSE SIGNIFICA...	IL DIZIONARIO DICE...
centro polivalente (testo1)			
il cuore verde (testo2)			
praterie (testo2)			
territorio protetto (testo 2)			
il verde curato e rigoglioso (testo 3)			
divertimento per grandi e piccini (testo 3)			

6

Quali sono le catteristiche delle tre località?

	È lontano dalla città	Si può dormire in tenda	Si può fare trekking	Si possono fare sport acquatici
Marmore				
Parco Orsiera				
Sottomarina				

LT c

7

A. Che numero bisogna selezionare per ottenere queste informazioni?

orari di apertura del CTS ....
offerte speciali del CTS ....
tariffe speciali dell'Alitalia ....

B. E' possibile ottenere informazioni al CTS?

	SÌ	NO
il lunedì alle 8.30?		
il venerdì alle 18.30?		
il sabato alle 13.00?		

C. Riascolta il messaggio e riempi la tabella degli orari di apertura del CTS.

	Orario di apertura	Orario continuato
Lunedì		sì
Martedì		
Mercoledì		
Giovedì		
Venerdì		
Sabato		
Domenica		

▶ LT
C[1], C[2]

8

a) A che ora vai a scuola? ______________________

b) A che ora c'è l'intervallo? ______________________

c) A che ora esci il venerdì? ______________________

d) Ora scrivi i tuoi impegni sull'agenda. Poi con un compagno inventa dei minidialoghi seguendo l'esempio. Quindi scambiatevi i ruoli.

Esempio:
a) Cosa fai lunedì pomeriggio?
b) Vado a studiare da Michele.
a) A che ora?
b) Alle tre.
Oppure:
a) Vai a giocare a tennis lunedì?
b) Sì.
c) A che ora?
d) Alle sei

LUNEDÌ

mattina	09.00	
	10.00	
	11.00	Scuola
	12.00	
pomeriggio	13.00	
	14.00	
	15.00	Andare da Michele
	16.00	a studiare
	17.00	
	18.00	Tennis
sera	19.00	
	20.00	Cena da zia
	21.00	Gabriella
	22.00	

MARTEDÌ

mattina	09.00	
	10.00	
	11.00	
	12.00	
pomeriggio	13.00	
	14.00	
	15.00	
	16.00	
	17.00	
	18.00	
sera	19.00	
	20.00	
	21.00	
	22.00	

MERCOLEDÌ

mattina	09.00	
	10.00	
	11.00	
	12.00	
pomeriggio	13.00	
	14.00	
	15.00	
	16.00	
	17.00	
	18.00	
sera	19.00	
	20.00	
	21.00	
	22.00	

GIOVEDÌ

mattina	09.00	
	10.00	
	11.00	
	12.00	
pomeriggio	13.00	
	14.00	
	15.00	
	16.00	
	17.00	
	18.00	
sera	19.00	
	20.00	
	21.00	
	22.00	

VENERDÌ

mattina	09.00	
	10.00	
	11.00	
	12.00	
pomeriggio	13.00	
	14.00	
	15.00	
	16.00	
	17.00	
	18.00	
sera	19.00	
	20.00	
	21.00	
	22.00	

incontri

1 **Che cosa si espone nella mostra su Pompei?**

____

2 **Come si intitola questa mostra?**

____

3 **Per quali Paesi passerà la mostra?**

____

4 **Quante persone contava una famiglia media a Pompei?**

____

5 **Vuoi sapere dove verrà sistemata la statua del Perseo dopo il restauro. Pensi di trovare questa informazione nell'articolo: *"Firenze: dopo il restauro il Perseo torna in piazza? Si accendono le polemiche."*?** ______________________________

6 **Ricopia tutte le espressioni che vengono usate per indicare la collocazione originaria del Perseo.**

piazza della Signoria

____

____

____

7 **Perché si parla di *"lotta contro il tempo"* nel titolo dell'articolo su Assisi?**

____

8 **Perché è stata collocata una gru all'interno della basilica di S. Francesco?**

____

OCCHIO ALLA GRAMMATICA!

SG 1

PREPOSIZIONE *SU*

Il libro è	**sul**	tavolo.
L'albergo è	**sull'**	isola.

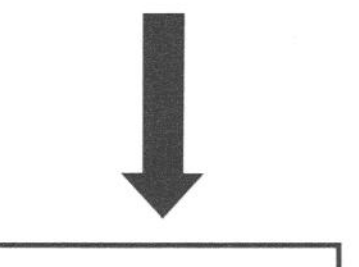

PREPOSIZIONE *CON*

Vado a scuola	**con**	Giovanni.
Vado a scuola	**con il**	padre di Giovanni.

SG 2

PREPOSIZIONI ARTICOLATE

Il padre di (Mario)	⟹	Il padre **di** Mario.
Il padre di (la ragazza)	⟹	Il padre **della** ragazza.

	il	**lo**	**la**	**l'**	**i**	**gli**	**le**
a	al	allo	alla	all'	ai	agli	alle
da	dal	dallo	dalla	dall'	dai	dagli	dalle
di	del	dello	della	dell'	dei	degli	delle
in	nel	nello	nella	nell'	nei	negli	nelle
su	sul	sullo	sulla	sull'	sui	sugli	sulle

G 3

USO DELLE PREPOSIZIONI SEMPLICI E ARTICOLATE

a) stato in luogo **moto a luogo**

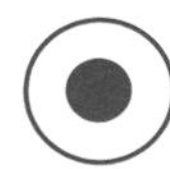

Sono Vado	in	Austria. Italia. Inghilterra.
		città. montagna. campagna.
		vacanza. gita scolastica.
		banca. panetteria. farmacia.
		discoteca. pizzeria.

a	Vienna. Roma. Londra.
al	mare. lago.
a	scuola. casa.
all' **al**	ufficio postale. supermercato.
al	cinema. ristorante. bar.

da	Silvia. Mario. Andrea e Luca.
da	mia sorella. mia madre.
dai	miei genitori. miei nonni. miei amici.
dal	giornalaio. panettiere. farmacista.

b) moto da luogo

Arrivo	**da**	Milano.
	dall'	Italia.
	dalla	stazione.
	da	scuola.

c) mezzi di trasporto

Vado a scuola	**in**	treno. auto. motorino. bicicletta.
	a	piedi.

Vado a scuola	**con**	il treno delle 7.30. l'auto di mio padre. il mio motorino. la bicicletta nuova.

I. **Inserisci la preposizione articolata corretta davanti ai seguenti sostantivi:**

SU .... spiaggia; .... tavolo; .... scale; .... albero; .... catalogo
IN .... cassetto; .... uffici; .... campeggio; .... stanza; .... vacanze
A .... mare; .... agenzia; .... albergo; .... isola; .... sportello
DA .... panettiere; .... amici; .... autostrada; .... montagne

II. **Inserisci negli spazi vuoti la corretta preposizione articolata scegliendo fra le seguenti:**

al - al - al - dall' - del - dell' - dell' - nel - nella - sul - sull' - sulla - sulle

Ci siamo iscritti .... corso di immersione che si tiene .... centro sportivo dell'Elba.
.... carta ci sono tutte le informazioni sugli orari e sui prezzi.
In quella zona il fondale .... mare è bellissimo.
.... isola si possono anche fare altri sport, come il tennis e l'equitazione.
Le immersioni si effettuano .... zona di Porto Azzurro.
Tutti i giorni ci sono traghetti che vanno .... Isola d'Elba a Portoferraio.
La camera .... albergo ha una bellissima vista .... mare.
Si può mangiare .... ristorante .... albergo.
La sera a volte si può far cena anche .... barche del centro sportivo.
Si può anche chiedere .... centro di organizzare immersioni notturne.

III. **Completa con le preposizioni semplici o articolate:**

Domenica sono andato .... montagna .... mia nuova mountain bike. Ho deciso di andare .... treno, costa meno ed è comodissimo. Sono sceso .... stazione .... Aosta e poi ho preso la strada che va .... Cogne, che si trova proprio .... inizio .... Parco Nazionale del Gran Paradiso.

Tutte le mattine Gianni va .... scuola .... bicicletta. Prima passa .... panettiere e compra un pezzo .... focaccia fresca, poi va .... suo amico Walter, così fanno la strada insieme.

.... vacanza ci siamo proprio divertiti: tutti giorni andavamo .... mare per nuotare o prendere il sole .... spiaggia. La sera, spesso mangiavamo .... ristorante o .... pizzeria, poi andavamo .... cinema oppure .... discoteca.

IV. Completa le risposte alle seguenti domande:

- Dove vai la domenica? ~ .... mare.
~ .... campagna.
~ .... miei genitori.

- Dove sei stato? ~ .... medico.
~ .... zoo
~ .... ufficio postale.

- Da dove vieni? ~ .... aereoporto.
~ .... Milano.
~ .... Francia.

G 4

COMPARAZIONE (2) FRA VERBI

Sciare è	**più**	divertente	**che**	pattinare.
	meno	faticoso		correre.

Preferisco A me piace di più A me piace di meno È più facile È meno costoso	giocare a pallavolo fare vela giocare a ping pong nuotare fare trekking	**che**	giocare a calcio. andare in moto. giocare a tennis. fare immersione. andare a cavallo.

I. Fai delle comparazioni fra le seguenti attività, scegliendo fra gli aggettivi indicati qui sotto o usando anche aggettivi di tua scelta.

pratico - costoso - bello - noioso - interessante - faticoso - divertente - comodo

1. viaggiare in treno / viaggiare in aereo
2. andare al cinema / andare a teatro
3. vivere in città / vivere in campagna
4. andare in bicicletta / andare in moto
5. dormire in tenda / dormire in albergo
6. leggere libri gialli / leggere libri di fantascienza
7. studiare matematica / studiare storia
8. ascoltare musica jazz / ascoltare musica rock

II. Inserisci negli spazi vuoti *di* (+ articolo) o *che*.

1. Nella nuova casa la mia camera è più grande .... quella che avevo prima.
2. Se vai in vacanza in Olanda è più divertente affittare una bicicletta .... girare in auto.
3. Mia sorella ha due anni più .... me.
4. La Juventus è più forte .... Roma.
5. In montagna è meglio camminare con calma e passo regolare .... avere troppa fretta.

AUTOCONTROLLO
Ruolo A

Se non lo sai torna a...
(Ruolo B: pag. 198)

1) Chiedi al tuo compagno le sue preferenze sui mezzi di trasporto (auto o treno).	**LT a^2**
2) Rispondi alla domanda del tuo compagno senza dare una preferenza.	**LT a^2**
3) Chiedi al compagno l'orario di inizio della lezione di mercoledì.	**LT c^2**
4) Orario di apertura: **9.00 – 12.30 / 15.00 – 19.30** Rispondi alla domanda del tuo compagno.	**LT c^2**
5) Chiedi al tuo compagno se gli piace di più il tè o il caffè.	**LT a^2, a**

FUNZIONI LINGUISTICHE

- CHIEDERE E DARE INFORMAZIONI SU UN AVVENIMENTO PASSATO (2)
- ESPRIMERE ANSIA DI FARE QUALCOSA
- ESPRIMERE RINCRESCIMENTO

ASPETTI GRAMMATICALI

- INDICATIVO IMPERFETTO
- PRONOME RELATIVO *CHE*

1

Quali elementi hanno in comune le tre località? Discutine con un compagno.

	SÌ	NO
a) Sono poco costose		
b) Sono per famiglie		
c) Si trovano al mare		
d) Offrono vari tipi di attività sportive		
e) Sono campeggi		

2

Cosa significa?

PAROLE	LO SO, SIGNIFICA...	NON LO SO, FORSE SIGNIFICA...	IL DIZIONARIO DICE...
sperone (testo1)			
artigianato locale (testo1)			
spiaggia privata (testo 2)			
svago (testo 2)			
i simpatici istruttori (testo3)			
sistemazione (testo 3)			

▶ LT b

3

Qual è la frase giusta? Se necessario riascolta il testo.

A Adriana e Ilaria:
- ☐ facevano la stessa scuola
- ☐ abitavano nello stesso condominio
- ☐ erano nella stessa classe.

B Adriana insegna
- ☐ nuoto, surf e aerobica
- ☐ nuoto e surf
- ☐ nuoto, surf e canoa

C Adriana
- ☐ ha la stessa età di Ilaria
- ☐ è più giovane di Ilaria
- ☐ è più vecchia di Ilaria

D Antonio
- ☐ era il ragazzo di Ilaria
- ☐ era il ragazzo di Adriana
- ☐ non era il ragazzo nè di Ilaria, nè di Adriana

E Ilaria
- ☐ fa biologia
- ☐ fa medicina
- ☐ fa l'Isef

4

Riascolta attentamente il testo. Quale frase senti? Poi controlla con un compagno.

Es: A Tu organizzavi sempre le feste della scuola! ☒
Tu organizzavi sempre le feste a scuola! ☐

B Ilaria e io tornavamo a casa insieme, in autobus. ☐
Ilaria e io tornavamo a casa insieme, nell'autobus. ☐
C Spendevamo tutti i nostri risparmi in ghiaccioli. ☐
Spendevamo tutti i nostri risparmi in gelati. ☐
E Eh già, quello era mio sogno ... ☐
Eh già, quello era il mio sogno ... ☐
F Sì, ma prima andavamo sempre da Brisolon ... ☐
Sì, ma prima andavamo da Brisolon ... ☐
G In autobus tu volevi sempre stare davanti ... ☐
In autobus tu volevi sempre restare davanti ... ☐
H Ma vi vedevate anche fuori dalla scuola? ☐
Ma vi vedevate anche fuori scuola? ☐
I Io sentivo molto la differenza di età... ☐
Io sentivo il moto della differenza di età... ☐

5

Ora riempi la griglia. Poi controlla con un compagno.

Ricopia qui i verbi delle frasi che hai sentito	**Quale pensi sia l'infinito del verbo?**
Organizzavi	*Organizzare*

Tutti i verbi della colonna di sinistra vengono usati in riferimento ad un certo periodo di tempo. Quale?

Il presente ☐ Il passato ☐ Il futuro ☐

LT b[1]

6

Mauro parla del Club S.Stefano ad un suo amico. Completa il suo racconto.

Il centro (avere) .... un'atmosfera giovane e dinamica.
Si (potere) .... fare corsi di surf, vela, sub, canoa e tennis.
Inoltre in spiaggia (esserci) .... sdraio e ombrelloni e anche un bar e un self-service, dove si (mangiare) .... bene e si (spendere) .... pochi soldi.
La sera noi (andare) .... spesso in centro a Orbetello. (Andare) .... a mangiare la pizza e poi (andare) .... in discoteca. Pensa! Le discoteche (restare) .... aperte fino alle 4 di mattina!

▶ LT c

7

In quale delle tre cartoline del LT Mauro esprime...

... entusiasmo? Nella n. ..... Si capisce da questa espressione:..

... rincrescimento? Nella n. ..... Si capisce da questa espressione:..

... ansia di fare qualcosa? Nella n ..... Si capisce da questa espressione:..

▶ LT c^1, c^2

8

Completa con le parole elencate sotto la lettera che Mauro scrive ad un suo amico dalla località dove si trova in vacanza con Ilaria e Gianni. Poi confrontala con un tuo compagno.

purtroppo - non vedo l'ora - andavano - si vedevano - dài

Carissimo Paolo,
Insieme a due miei compagni di classe, Gianni e Ilaria, sono in vacanza
in Toscana, al campeggio S. Stefano. Qui si possono fare tantissimi
sport: surf, vela, sub, tennis e canoa, e poi si possono fare delle
bellissime gite a cavallo. Io sto facendo un corso di canoa e
domani c'è la prima vera uscita lunga. .... !
E sai che coincidenza? L'istruttrice di canoa, surf e nuoto è
un'amica di Ilaria. .... a scuola insieme alle
superiori, ma non .... più da un sacco di tempo.
Questa tipa, che si chiama Adriana, è veramente simpatica e
passa con noi quasi tutte le sere.
.... mancano solo tre giorni alla fine di questa
vacanza ma l'anno prossimo ci torno sicuramente. Anzi,
perchè non ci vieni anche tu? ...., sarebbe
bellissimo!
Ci vediamo presto.
Ciao, Mauro

▶ LT d

9

Collega i simboli alle descrizioni corrispondenti.

Sereno
Mare mosso
Vento debole
Neve
Vento forte
Variabile
Nuvoloso
Coperto

Pioggia
Nebbia
Vento moderato
Mare calmo
Temporali
Mare molto mosso
Mare agitato

.0

Ascoltando le previsioni del tempo alla radio, inserisci nella carta i simboli in riferimento alle condizioni del tempo.

OGGI

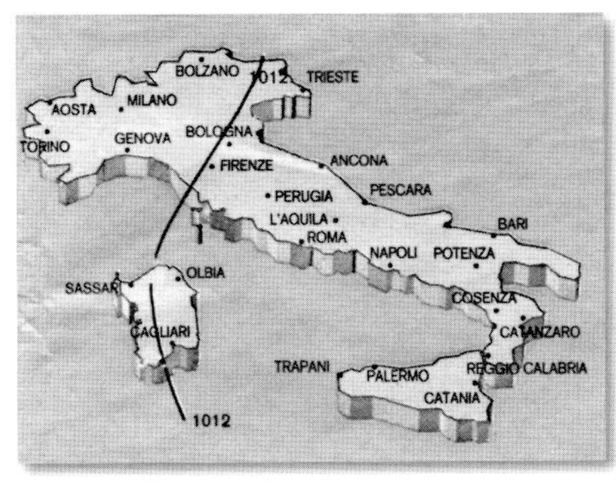

DOMANI

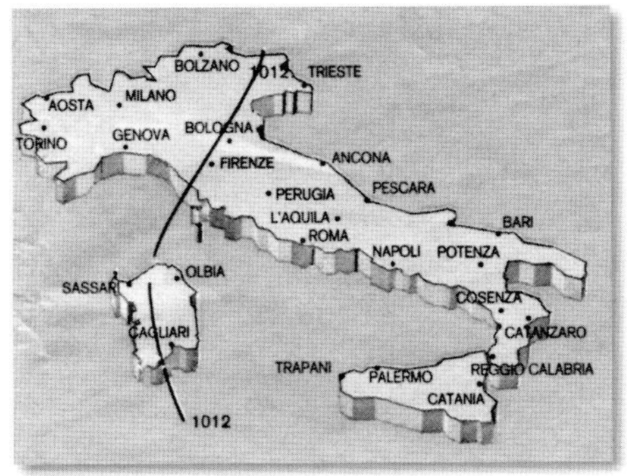

▶ LT Incontri

incontri

1 **Chi è Giugiaro?**

2 **Chi è *"la nuova signora di Maranello"*?**

3 ***"L'uomo di oggi ama rubare dal guardaroba di lei"*: sei d'accordo? Motiva le tua risposta con degli esempi**

4 **Secondo Renzo Piano, di che cosa deve ricordarsi sempre un buon architetto?**

5 **Conosci alcuni edifici progettati da lui?**

6 **Qual è una caratteristica comune a tutte le opere di Renzo Piano?**

7 **Renzo Piano lavora più volentieri da solo o in gruppo?**

SG 1

OCCHIO ALLA GRAMMATICA!

INDICATIVO IMPERFETTO

insegnare	sapere	capire	essere	avere
insegn**avo** insegn**avi** insegn**ava** insegn**avamo** insegn**avate** insegn**avano**	sap**evo** sap**evi** sap**eva** sap**evamo** sap**evate** sap**evano**	cap**ivo** cap**ivi** cap**iva** cap**ivamo** cap**ivate** cap**ivano**	**ero** **eri** **era** **eravamo** **eravate** **erano**	av**evo** avevi aveva avevano avevate avevano

Es: Al campeggio c'**era** un'istruttrice che **insegnava** surf, canoa e nuoto.

ATTENZIONE!

L'imperfetto si usa:
- per *descrivere* cose, persone e situazioni al passato:
  Ieri **faceva** bel tempo e sulla spiaggia c'**era** molta gente.
- per indicare un'*abitudine* o un'*azione ripetuta* nel passato:
  In vacanza al mattino **ci alzavamo** tardi e **andavamo** subito in spiaggia.

I. Completa con le forme dei verbi all'imperfetto.

C' .... (essere) una volta una bambina che .... (portare) sempre in testa un bel cappuccetto di colore rosso, tanto che la mamma la .... (chiamare) Cappuccetto Rosso. La bambina .... (volere) molto bene alla sua nonna, che .... (abitare) in una casetta in mezzo al bosco, e spesso la .... (andare) a trovare e le .... (portare) pane e frutta fresca che la mamma .... (mettere) in un cestino per lei. Tutte le volte la mamma .... (dire) di fare attenzione nel bosco, e la bambina non .... (fermarsi) mai a parlare con nessuno, perché .... (sapere) che la mamma .... (avere) paura.

II. Quale verbo ci vuole? Scegli quello giusto e inseriscilo alla forma dell'imperfetto.

alzarsi - andare - andare - costare - esserci - essere - essere - fare - esserci - sembrare - stare - vendere

Cara Silvia,
Grazie per la Tua lettera del 28 giugno. Scusa se ti rispondo solo ora, ma sono appena tornata dalle vacanze. Quest'anno mi sono proprio divertita un sacco: sono andata con i miei e mio fratello in un campeggio in Toscana, vicino a Punta Ala. Il campeggio .... stupendo, pieno di verde, e .... anche un campo da tennis, così quasi tutti i pomeriggi .... a giocare. La mattina .... sempre tardi e a volte .... colazione in spiaggia; .... un tizio che sulla spiaggia .... le brioche ancora calde, una bontà... Ma la cosa più bella .... a cavallo al tramonto; figurati che .... pochissimo affittare un cavallo per un'ora, e sul mare, con quella luce, tutto .... più romantico. Già, qui viene il bello: ho conosciuto un ragazzo che, beh, insomma, mi .... un po' dietro...

III. Guardate queste immagini: si riferiscono allo stesso luogo, ma una è degli anni trenta, l'altra invece attuale. Che cosa è cambiato? Naturalmente, per poter descrivere l'immagine del passato dovete usare l'imperfetto!

Una volta...

Adesso invece...

Una volta c'era poca gente, adesso invece la spiaggia è affollata.

SG 2

IL PRONOME RELATIVO *CHE*

ATTENZIONE!

CHE
- è invariabile
- si riferisce a cose e pesone sia al singolare che al plurale
- si usa in funzione di soggetto e di complemento oggetto

Soggetto:

Conosco un istruttore di vela. Si chiama Andrea. Conosco un istruttore di vela **che** si chiama Andrea.
Canoa e canottaggio sono sport faticosi. Richiedono una buona preparazione atletica. Canoa e canottaggio sono sport faticosi **che** richiedono una buona preparazione atletica.

Complemento oggetto:

Ho scelto di fare un corso di parapendio. È un corso per principianti. Il corso di parapendio **che** ho scelto di fare è per principianti.
Al corso ho conosciuto due ragazzi. Sono diventati miei amici. I due ragazzi **che** ho conosciuto al corso sono diventati miei amici.

I. Forma delle coppie corrette di frasi. In qualche caso sono possibili più accoppiamenti.

Ecco un elenco di alberghi		abitano in Sardegna
Firenze è la città italiana		ho appena letto
Il Chianti è il vino		ho comprato in vacanza
Mario e Guido sono due miei amici	CHE	non costano troppo
Quella è la ragazza		ho mai visto
Ti presto il libro		ho conosciuto al mare
Questo è il posto più bello		mi piace di più
TI faccio vedere delle magliette		si può comprare in Toscana

II. Collega le seguenti coppie di frasi con il pronome relativo *che*.

1. Viareggio è una città toscana.
   Viareggio ospita il più importante carnevale d'Italia.
2. In TV stasera c'è un bel documentario.
   Il documentario di stasera parla dei mari italiani.
3. Piero mi ha consigliato un campeggio in Val Gardena.
   Il campeggio in Val Gardena era veramente bello.
4. In fondo alla valle c'era un vecchio forte dell'ultima guerra.
   Oggi il Comune usa il vecchio forte per i campi scout.
5. "Spaccanapoli" è una pizzeria molto buona.
   Hanno aperto la pizzeria "Spaccanapoli" in via Mazzini.
6. Giacomo Puccini era un grande musicista.
   Giacomo Puccini è nato a Lucca nel 1858.
7. La pappa col pomodoro si mangia soprattutto in Toscana.
   La pappa col pomodoro è un piatto facilissimo.
8. Al porto c'erano due piccole barche.
   Gli animatori usavano due piccole barche per portare i turisti alla Grotta del Cavallo.

AUTOCONTROLLO
Ruolo A

Se non lo sai torna a...
(Ruolo B: pag. 198)

1) Chiedi al tuo compagno che cosa ha fatto durante le vacanze in Toscana.	**LT b[1]**
2) Il tuo compagno ti dà un regalo, una t-shirt firmata. Ringrazi con entusiasmo.	**LT c[1] finestrella**
3) Chiedi a tuo padre (tua madre) i suoi hobby di quando era più giovane.	**LT b[1]**
4) Inviti il tuo compagno a casa tua alle 15.00 di oggi pomeriggio.	**LT c[2]**
1) Racconti al tuo compagno la tua emozione perché la prossima settimana prenderai l'aereo per la prima volta.	**LT c[1]**

FUNZIONI LINGUISTICHE

- INTERROMPERE UNA CONVERSAZIONE
- PARLARE DEL PASSATO (3)
- ESPRIMERE CONTRAPPOSIZIONE

ASPETTI GRAMMATICALI

- USO DELL'IMPERFETTO E DEL PASSATO PROSSIMO
- PRONOME RELATIVO *CHI*

1

Riempi la griglia. Se necessario riascolta il dialogo.

Chi?	Destinazione delle vacanze	Attività svolte in vacanza
Ilaria		
Roberta		

2

Una persona interrompe le due amiche. Con quale espressione introduce la domanda?

LT a[1]

3

Ti servono queste informazioni sulla Calabria. Le ritrovi nel testo a[1]?

1. Quando è nata la Calabria.
2. Nome della popolazione autoctona della Calabria.
3. La lingua parlata in Calabria.
4. Numero di abitanti in Calabria.
5. La Calabria è una regione moderna?
6. Dominazioni da parte di altre popolazioni in Calabria.
7. Motivi per cui è particolarmente affascinante visitare questa regione.

SÌ	NO

Ora scrivi qui sotto le informazioni che hai trovato.

LT b, c

4

Qual è la frase giusta?

Scusa se ti interrompo,	sono andata in vacanza	alle amiche.
Mentre cercavo gli occhiali	andavo sempre a scuola	sulle strade.
Quando i miei uscivano la sera	mi sai dire che ore sono	da mia nonna
L'anno scorso	spesso in campagna	in Toscana.
In passato	li ho pestati	a piedi.
Da piccola andavo	io facevo lunghe telefonate	per favore?
Quando abitavo a Roma	c'erano meno automobili	e li ho rotti.

5

Riordina le parole

1. per se interrompo, Scusa frase favore? puoi l'ultima ti ripetere

2. fino Quando in ogni vacanza dormivo ero alle giorno. dieci

3. No, non E' l'autobus? ancora. già passato

4. Mentre a fare surf, imparavo sono in acqua caduto 50 volte.

5. da ero ha Giorgia telefonato Mentre Luigi.

6

Ora scrivi il resoconto delle tue vacanze dell'estate scorsa. Prova ad usare sia l'imperfetto che il passato prossimo.

7

Cosa significa?

PAROLE	LO SO, SIGNIFICA...	NON LO SO, FORSE SIGNIFICA...	IL DIZIONARIO DICE...
statue			
estate			
parenti			
costa			
comune di Riace			
Provincia di Reggio Calabria			
direzione			

Scegli ora 5 parole dell'elenco e scrivi 5 frasi che comprendano quelle parole.

A ______________________________

B ______________________________

C ______________________________

D ______________________________

E ______________________________

Esempio: ***provincia di Reggio Calabria:*** *Riace è in provincia di Reggio Calabria.*

LT e

8

Riascolta l'intervista e poi riempi la griglia sottostante.

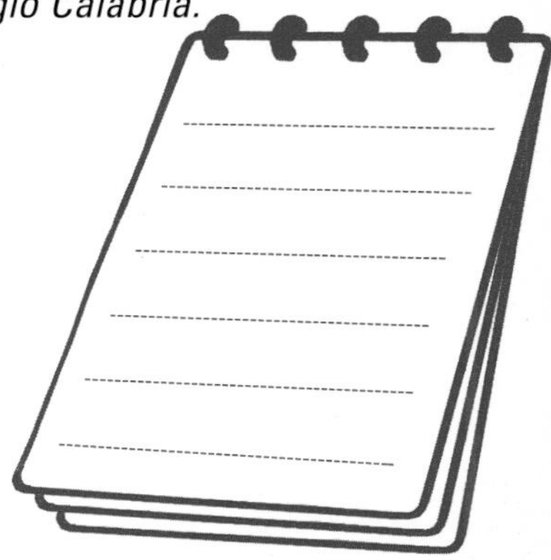

	In passato	*Ultimamente*
Comportamento dei camion		
Comportamento dei turisti		
Problemi in autostrada		
Uso della Via Card		

9

Eccoti alcuni consigli per viaggiare meglio in automobile. Quali di questi vengono dati anche da Rotelli e quali no? Se necessario riascolta il testo.

	SÌ	NO
1. Tenere in auto una temperatura non superiore ai 30 gradi.		
2. Fare una sosta ogni 2 ore di guida.		
3. Avere con sé sempre qualcosa da bere.		
4. Scegliere percorsi alternativi.		
5. Partire di notte.		
6. Portare gli occhiali da sole se necessario.		
7. Fare pasti leggeri.		
8. Non bere bevande alcoliche.		
9. Partire nelle ore più fresche.		
10. Ascoltare i notiziari che parlano della viabilità.		
11. Controllare la pressione dei pneumatici.		
12. Sgranchirsi le gambe con esercizi adeguati.		
13. Mangiare qualcosa di dolce ogni ora.		
14. Non usare mai la corsia di emergenza per evitare le code.		

10

Riascolta l'intervista e annota qui sotto tutte le parole che secondo te rispondono alla domanda *"quando*. Ce ne sono 24. Cerca di trovarle tutte!

1 Quest'anno..........
2 ....
3 ....
4 ....
5 ....
6 ....
7 ....
8 ....
9 ....
10 ....
11 ....
12 ....
13 ....
14 ....
15 ....
16 ....
17 ....
18 ....
19 ....
20 ....
21 ....
22 ....
23 ....
24 ....

LT f

_T
ncontri

incontri

1 **Vuoi andare a fare un *"campo vacanza"* in Italia nell'ultima settimana di agosto. Fra quali puoi scegliere?**

2 **In quale campo ti piacerebbe andare e perché?**

3 **Se tu andassi alla Borsa Internazionale del Turismo di Milano, su quali Paesi cercheresti informazioni? E per quale tipo di vacanza?**

4 **A quale edizione è arrivata la Borsa Internazionale del Turismo di Milano?**

5 **In quanti si può partecipare alle *"crociere di ricerca"*?**

6 **Cosa fanno i partecipanti alle *"crociere di ricerca"*?**

OCCHIO ALLA GRAMMATICA!

1 **USO DELL'IMPERFETTO E DEL PASSATO PROSSIMO**

1. Mentre **eravamo** al campeggio ***abbiamo fatto*** anche dei giri in Toscana.
   situazione nel passato: imperfetto — evento concluso: passato prossimo

2. La domenica **ci alzavamo** tardi.
   situazione nel passato: imperfetto

   La domenica ***ci siamo alzati*** tardi.
   evento avvenuto una volta: passato prossimo

3. Mentre **andavamo** in spiaggia ***abbiamo incontrato*** Adriana.
   primo evento: imperfetto — secondo evento che interrompe il primo: passato prossimo

4. Mentre Gianni e Marco **facevano** surf, io **prendevo** il sole e **leggevo**.
   primo evento: **imperfetto** — secondo evento contemporaneo al 1°: **imperfetto**

ATTENZIONE!

L'imperfetto è il tempo delle **situazioni**, delle **abitudini** e delle **ripetitività**.
Il passato prossimo è il tempo degli **eventi conclusi**.

I. Completa questa lettera di Ilaria con i verbi elencati sotto.

Mentre .... in vacanza in Toscana .... Adriana. Adriana e io .... la stessa scuola, il liceo classico sperimentale A. Pigafetta. Quando l'.............................. lei .... la terza e io la prima. Io .... molto Adriana perché lei.............................. molto attiva, ... le feste della scuola e .... tutti. Incontrarla lì .... per me una bella sorpresa, perch non ci .... da almeno 4 anni. Infatti, finita la scuola, non ci .... Io le .... un paio di volte, ma lei non mi .... Così non l'.............................. più nemmeno io. Quando l'.............................. al campeggio, ... molto gentile; mi .... come .... e cosa .... , e mi .... anche quello che .... lei. Poi l'.. a Mauro perché lui .... fare il corso di canoa e lei .... l'istruttrice.

1. ammiravo
2. vedevamo
3. conosceva
4. è stata
5. è stata
6. era
7. era
8. ero
9. faceva
10. faceva
11. facevo
12. abbiamo frequentato
13. ha chiesto
14. ha detto
15. ha mai richiamata
16. ho chiamata
17. ho conosciuta
18. ho incontrato
19. ho presentata
20. ho telefonato
21. ho vista
22. organizzava
23. siamo più vist
24. stavo
25. voleva

SG 2

PRONOME RELATIVO *CHI*

Gli automobilisti che	seguono	i consigli di Onda Verde	non trovano	problemi sulle strade.
Chi	segue		non trova	

I turisti che	affrontano	viaggi lunghi in auto	devono fare	un controllo approfond del motore prima di partire.
Chi	affronta		deve fare	

ATTENZIONE!

***CHI*: • invariabile**
• con il verbo sempre al singolare
• si usa solo con persone

I. Trasforma le parti in corsivo usando il *chi*.

1. Per conoscere un paese straniero bisogna provare a vivere come *le persone che* ci abitano.

____

2. Hanno organizzato una festa per *i partecipanti che* hanno fatto il corso di canoa.

____

3. Per *le persone che* abitano nel Nord Europa è normale avere almeno 200 giorni di pioggia all'anno.

____

4. Se vuoi avere più informazioni sulla Sicilia, devi parlare con *le persone che* ci sono già state.

____

AUTOCONTROLLO
Ruolo A

Se non lo sai torna a...
(Ruolo B: pag. 198)

1) Chiedi al tuo compagno di raccontarti lo svolgersi della sua giornata in campeggio.	**LT c**
2) Chiedi al tuo compagno perché i biglietti aerei oggi costano meno rispetto a una volta.	**LT f**
3) Chiedi al tuo compagno quando ha incontrato Gabriele.	**LT c**
4) Il tuo compagno sta parlando con un amico. Lo interrompi e gli chiedi l'ora.	**LT b**
5) Chiedi al tuo compagno se è andato in Sicilia o in Sardegna.	**LT f**

GLOSSARIO

Legenda

m	maschile
f	femminile
pl.	plurale
sing.	singolare
interr.	interrogativo
pron. rel	pronome relativo
pron. pers	pronome personale
cong.	congiunzione
avv.	avverbio
pp.	participio passato

A

abbastanza
l'**abbigliamento*** *m*
abbronzarsi*
abitare
l'**abito*** *m*
abitualmente*
l'**accademia*** *f*
l'**accesso*** *m*
accettare*
l'**accoglienza*** *f*
accompagnare*
l'**accordo*** *m*
accorgersi*
acerbo*
l'**acqua** *f*
l'**acquisto*** *m*
adatto
addentrarsi*
adesso
l'**adolescente***
affascinante
affascinare
affatto*
affollare
affondare*
affrontare*
l'**agenda** *f*
l'**aggettivo***
aggiungere*
aggiuntivo*
l'**agosto** *m*
l'**aiuto** *m*
albanese *agg.*
l'**albero** *m*
l'**album** *m*
l'**alfabeto** *m*
alimentare*
allargare*
allegro
l'**allenamento** *m*
allenare
l'**allenatore*** *m*
allontanare*
allora
almeno*
alpino*
l'**alternativa*** *f*
l'**altitudine*** *f*
alto
altro
altrui*
l'**alunno*** *m*
l'**amante*** *m/f*
amare
l'**ambiente** *m*
l'**ambito*** *m*
americano *agg.*
l'**amicizia** *f*
l'**amico** *m*
ammirare*
l'**amore** *m*
anche
ancora
andare
l'**andata** *f*
l'**animale** *m*
animale
l'**anno** *m*
l'**ansia*** *f*
antico
anzi*
l'**apertura*** *f*
l'**appartamento** *m*
l'**appartenenza*** *f*
appartenere (a)*
appassionato
appena*
l'**appetito** *m*
appiccicare*
apposito*
appropriato*
aprire (*pp.*= aperto)
l'**arancia** *f*
l'**archeologo*** *m*
l'**area*** *f*
l'**argomento*** *m*
l'**arma** *m*
arrivare
arrivederci
l'**arte** *f*
l'**articolo** *m*
artistico*
ascoltare*
l'**ascolto*** *m*
aspettare
l'**aspetto*** *m*
l'**aspirina** *f*
l'**associazione*** *f*
assurdo
l'**attenzione** *f*
l'**attività*** *f*=
attraente*
attraversare
l'**augurio** *m*
austriaco *agg.*
l'**auto** *f*
l'**autobus** *m*
l'**automobile** *f*
l'**autorizzazione*** *f*
l'**autostrada** *f*
avere
avverare*
l'**avverbio*** *m*
avvertire*
avvincente*
avvistare*

l'**azienda*** *f*
l'**azione*** *f*
azzurro

B¬

il **bacio** *m*
bagnare
ballare
il **bambino** *m*
il **banco** *m*
la **banda** *f*
il **bar** *m*
il/la **barista** *m/f*
basarsi*
la **base** *f*
basso
basta
la **battuta*** *f*
belga *agg.*
bello
bene *avv.*
il **bene** *m*
il **benzinaio** *m*
bere
la **bestiola*** *f*
la **bici*** *f*
la **bicicletta** *f*
biondo
biotecnologico*
la **birreria** *f*
bisogna
il **bisogno** *m*
la **boccia***
bollire
la **bombola*** *f*
il **borgo*** *m*
il **bosco** *m*
il **bowling*** *m*
il **braccio** *m* (*pl. f* = **le braccia**)
brasiliano *agg.*
bravo
breve
brullo*
buonanotte
buonasera
buongiorno
buono
buttare

C¬

il **caffè** *m*
il **calciatore** *m*
il **calcio** *m*
il **calore** *m*
la **caloria*** *f*
il **cambiamento*** *m*
la **camera** *f*
il **cameriere** *m*
il **camion** *m*
la **camminata*** *f*
il **campeggio** *m*
il **camper*** *m*
il **camping*** *m*
il **campo** *m*
la **canoa*** *f*
il/la **cantante** *m/f*
cantare
la **canzone** *f*
i **capelli** *m pl.*
capire
il **capitolo** *m*
capriccioso*
caratteristico*
la **carne** *f*
caro
la **carota*** *f*
la **cartina** *f*
la **cartoleria** *f*
la **cartolina** *f*
la **casa** *f*
la **cascata** *f*
il **casello*** *m*
il **caso*** *m*
la **cassa** *f*
castano
cattivo
la **causa*** *f*
il **cavallo** *m*
la **cellula*** *f*
la **cena** *f*
centrale
centrifugare*
cercare
certo
che
chi
chiacchierare*
chiamare
chiarire*
chiaro *agg.*
chiedere
chimico
chiudere (*pp.*= chiuso)
ci *avv.*
ciao
il **cibo** *m*
il **cielo** *m*
la **cima** *f*
il **cinema** *m*
cinese *agg.*
cinque
il **cioccolatino** *m*
cioè
circa
la **città** *f*
il **ciuffo*** *m*
la **classe** *f*
classico
il/la **cliente** *m/f*
il **clima** *m*
la **clorofilla*** *f*
il **coccodrillo*** *m*
la **coda** *f*
il **codice*** *m*
il **coetaneo*** *m*
la **collaborazione*** *f*
collegare*
collocare*

la **colonia*** *f*
colorato
il **colore** *m*
come
cominciare
commerciale*
la **commessa** *f*
il **compagno** *m*
compitare*
il **compito** *m*
compiere (*pp.*= compiuto)
il **compleanno** *m*
comprare
il **computer** *m*
il **comune** *m*
comune *agg.*
il **concerto** *m*
la **conchiglia*** *f*
concludere*
condire*
il **conduttore** *m*
il **confort** *m*
il **confronto*** *m*
la **conoscenza*** *f*
conoscere (*pp.*= conosciuto)
conquistare*
consapevole*
il **conservante*** *m*
il **conservatorio*** *m*
contento
continuare
il **conto** *m*
la **contrapposizione*** *f*
controllare*
la **conversazione*** *f*
convivere*
la **cooperativa*** *f*
la **coppia** *f*
coprire (*pp.*= coperto)
correre (*pp.*= corso)
corrispondente* *m/f*
la **corrispondenza** *f*
corrispondere*
la **corsa** *f*
il **corso** *m*
la **cortesia*** *f*
corto
la **cosa** *f*
cosicché*
la **costa** *f*
costeggiare*
costoso
crescere* (*pp.*= cresciuto)
la **cucina** *f*
cui *pron.rel.*
cuocere (*pp.*= cotto)
il **cuore** *m*
curare*

D¬

il **danno*** *m*
la **danza*** *f*
dare
la **data** *f*
davanti
davvero*
definire*
dentro
derivare*
descrivere* (*pp.*= descritto)
desiderare*
destra
dettare*
il **dialogo*** *m*
il **diario** *m*
didattico*
la **differenza** *f*
difficile
dimenticare
dimostrare*
i **dintorni*** *m pl.*
dire
diretto
la **direzione** *f*
diritto *agg.*
il **disco** *m*
la **discoteca** *f*
disegnare
il **disegno** *m*
disoccupato*
disporre* (*pp.*= disposto)
la **distanza** *f*
diventare
diverso
divertente
divertire*
dividere (*pp.*= diviso)
il **documento** *m*
dolce *agg.*
la **domanda** *f*
domani
la **domenica** *f*
la **donna** *f*
dopo
dopodomani
doppio
dormire
il **dottore** *m*
dove
dovere
due

E¬

e
ecco
l'**edicola** *f*
l'**educazione** *f*
l'**effetto*** *m*
elegante
elementare
l'**elemento*** *m*
elencare*
l'**elenco*** *m*
elettronico
l'**emittente*** *f*
l'**energia** *f*
enorme
entrambi*

l'**entrata** *f*
l'**entusiasmo*** *m*
l'**equilibrio*** *m*
l'**esame** *m*
escludere* (*pp.*= escluso)
l'**escursione*** *f*
l'**esempio** *m*
l'**esercizio** *m*
esistere*
l'**esperienza** *f*
esporre (*pp.*= esposto)
l'**espressione*** *f*
esprimere* (*pp.*= espresso)
essere (*pp.*= stato)
l'**estate** *f*
estero *agg.*
estivo*
l'**età** *f*
l'**ettaro*** *m*
l'**evento*** *m*
eventuale*

F–

la **fabbrica** *f*
la **faccia** *f*
facile
la **facoltà** *f*
il **faggio*** *m*
la **famiglia** *f*
familiare *agg.*
famoso
fantastico
fare (*pp.*= fatto)
la **farina*** *f*
la **farmacia** *f*
faticoso
il **fatto** *m*
il **favore** *m*
la **felpa*** *f*
femminile
la **festa** *f*
la **fiducia** *f*
il **figlio** *m*
figurarsi*
fine *f*
la **finestra** *f*
fino
finta
il **fiore** *m*
fisicamente*
il **fiume** *m*
la **foglia** *f*
il **fondale*** *m*
le **fondamenta*** *f pl.*
il **fondo** *m*
la **forma** *f*
formale*
formare
la **formula** *f*
formulare*
il **forno** *m*
forse
forte
fortunato
la **foto** *f*
fra
francese *agg.*
la **frase**
il **fratello** *m*
frattempo (nel)*
il **freddo**
frequentare*
frequente*
la **frequenza*** *f*
la **freschezza** *f*
fresco *agg.*
il **frigo** *m*
il **frigorifero** *m*
fritto
la **frittura*** *f*
la **frutta** *f*
il **fruttivendolo*** *m*
il **frutto** *m*
il **fumetto*** *m*
il **fusto*** *m*
il **futuro**

G–

la **gamba** *f*
il **gambo*** m
garantire*
il **gelato** *m*
generale
il **genere*** *m*
la **genetica*** *f*
genetico*
i **genitori** *m pl.*
la **gente** *f*
gestire*
la **giacca** *f*
giapponese *agg.*
la **ginnastica** *f*
giocare
il **giocatore** *m*
il **gioco** *m*
il **giornale** *m*
la **giornata*** *f*
il **giorno** *m*
giovane *agg.*
il **giovedì** *m*
la **gioventù*** *f*
girare
il **giro** *m*
la **gita** *f*
la **giustizia*** *f*
lo **gnocco*** *m*
gonfiare*
il **grammo** *m*
grande
grasso *agg.*
gratuito*
grazie
greco *agg.*
grosso
il **gruppo** *m*
il **guanto*** *m*
guardare
la **guerra** *f*
il **guerriero*** *m*
la **guida** *f*

il **gusto*** *m*

H¬

l'**hobby** *m*
l'**hotel** *m*
l'**hydrospeed** *m*

I¬

l'**idea** *f*
ideale
l'**identità*** *f*
ieri
l'**illustrazione*** *f*
l'**imbarcazione*** *f*
l'**imbianchino*** *m*
immaginare*
l'**immagine*** *f*
imparare
imperiale*
l'**impermeabile**
impiegato
l'**impiego*** *m*
importante
l'**incidente** *m*
incontrare
l'**incontro** *m*
l'**indagine*** *f*
indicare*
l'**indicazione*** *f*
l'**indirizzo** *m*
individuare*
indovinare
infine*
infinito* *agg.*
informale*
informare*
informarsi
l'**informazione** *f*
l'**infortunio*** *m*
l'**ingegnere*** *m*
inglese *agg.*
l'**ingrediente*** *m*
iniziare
l'**inizio** *m*
innovativo*
inoltre*
l'**insalata** *f*
l'**insegnante** *m/f*
insegnare
insieme *agg.*
insomma*
intelligente
l'**intelligenza** *f*
intendere*
intenso*
interessante
l'**interesse** *m*
interpretabile*
l'**interpretazione*** *f*
interrompere
l'**intervista** *f*
intervistare*
intorno
invece
inventare*
l'**inverno** *m*
invertire*
invitare
l'**invito** *m*
io
iscriversi*
l'**isola** *f*
l'**istituto** *m*
l'**istruttore*** *m*
italiano *agg.*
l'**itinerario*** *m*

J¬

il **jogging** *m*

L¬

il **lago** *m*
la **laguna*** *f*
la **lancia*** *f*
la **lasagna*** *f*
lasciare
lassù*
il **lattaio*** *m*
il **latte** *m*
lavare
lavorare
il **lavoro** *m*
la **legge*** *f*
leggere (*pp.* = letto)
leggero
lentamente
lessare*
la **lettera** *f*
il **letto** *m*
liberare
libero
la **libertà** *f*
la **libreria** *f*
il **libro** *m*
il **liceo** *m*
la **lingua** *f*
il **linguaggio*** *m*
linguistico*
liscio *agg.*
livellare*
il **locale**
la **località*** *f*
lontano
il **lotto*** *m*
la **luce** *f*
il **luglio** *m*
lui
il **lunedì** *m*
lungo *agg.*
il **luogo*** *m*
lussemburghese *agg.*

M¬

ma
la **macchina** *f*
il **macellaio** *m*
la **madre** *f*
magistrale*
il **maglione** *m*
magnetico*

magro
mai
il **male**
la **mamma** *f*
mancare
la **manciata*** *f*
mangiare
la **mano** *f* (*pl.*= **le mani**)
mantenere*
la **mappa*** *f*
il **mare** *m*
il **marito** *m*
la **marmellata** *f*
marocchino *agg.*
il **martedì** *m*
la **massa*** *f*
la **massima*** *f*
la **matematica** *f*
materna*
la **mattina** *f*
il **mattino*** *m*
la **maturità*** *f*
maturo
media
mediamente*
meglio
la **melanzana*** *f*
meno
mensile*
mentre
il **mercato** *m*
il **mercoledì** *m*
la **merenda** *f*
mescolare*
il **mese** *m*
il **messaggio*** *m*
il **mestiere*** *m*
la **metà** *f*
la **metropolitana** *f*
mettere (*pp.*= messo)
la **mezzaluna*** *f*
il **mezzo** *m*
il **milione** *m*
le **mille**
minerale
la **minestra** *f*
il **minidialogo*** *m*
il **minimarket*** *m*
minimo *agg.*
minore*
il **minuto** *m*
mio *agg.*
misto *agg.*
la **misura*** *f*
il **modello*** *m*
il **modo** *m*
molto
il **momento** *m*
mondiale*
il **mondo** *m*
la **montagna** *f*
il **monte*** *m*
la **morte** *f*
la **mostra*** *f*
mostrare
la **motonave*** *f*
il **motorino** *m*
il **movimento*** *m*
il **muratore*** *m*
il **museo** *m*
la **musica** *f*
musicale*

N¬

nascere (*pp.* = nato)
la **natura** *f*
naturale
la **nazionalità** *f*
la **nazione** *f*
neanche*
il **negoziante*** *m*
il **negozio** *m*
nessuno
il **nettare*** *m*
la **neve** *f*
il **nido*** *m*
niente
nigeriano *agg.*
no
noi
noleggiare
il **noleggio*** *m*
il **nome** *m*
nominare*
non
il **nonno** *m*
norvegese *agg.*
la **notizia*** *f*
noto*
la **notte** *f*
notturno*
nove
nudo
numeroso*
nuotare
il **nuoto** *m*
nuovo
nutriente*

O¬

l'**oasi*** *f*
l'**obbligo** *m*
gli **occhiali** *m plur.*
l'**occhio** *m*
offrire (*pp.*= offerto)
l'**oggetto** *m*
oggi
ogni
olandese *agg.*
l'**olio** *m*
l'**oliva** *f*
l'**ombrellone*** *m*
l'**operaio** *m*
operare*
l'**operazione*** *f*
opportunamente*
oppure*
l'**opuscolo*** *m*
l'**ora** *f*
l'**orario** *m*

ordinare
l'**ordine*** *m*
organizzare
originale
originariamente*
l'**orologio** *m*
ospitare
l'**ospite** *m/f*
osservare*
l'**ossigeno*** *m*
l'**ostello** *m*
ottanta
ottenere*
ottimo
otto

P–

il **padre** *m*
il **paesaggio** *m*
il **paese** *m*
pagare
il **paio** *m* (*pl. f* = **paia**)
la **palestra** *f*
la **pallacanestro*** *f*
la **pallanuoto*** *f*
la **pallavolo*** *f*
il **palloncino*** *m*
il **pallone** *m*
il **pane** *m*
il **panino** *m*
la **paninoteca*** *f*
il **papà** *m*
il **paradiso*** *m*
il **parco** *m*
il/la **parente** *m/f*
il **parere*** *m*
il **parlare**
la **parola** *f*
la **parte** *f*
la **partenza** *f*
partire
la **partita** *f*
passare*
il **passato*** *m*
il **passeggio*** *m*
la **pasta** *f*
la **pasticceria** *f*
la **patata** *f*
pattinare*
il **pattinatore*** *m*
la **penna** *f*
pensare
la **pentola*** *f*
il **pepe** *m*
il **peperone*** *m*
perché
perdere
il **pericolo** *m*
il **periodo*** *m*
permettere*
la **persona** *f*
il **personaggio*** *f*
personale *agg.*
pesante
il **peso** *m*
il **pezzo** *m*
piacere
piangente*
la **pianura** *f*
la **piazza** *f*
piccino*
piccolo
il **piede** *m*
la **pietra** *f*
la **pioggia** *f*
la **piscina** *f*
la **pista*** *f*
la **pittrice*** *f*
la **pizza** *f*
la **pizzeria** *f*
po'
poco
la **poesia** *f*
poi
polacco *agg.*
polivalente*
il **pollo** *m*
il **pomeriggio** *m*
il **pomodoro** *m*
il **pop** *m*
popolare
la **porta** *f*
portare
il **portavoce*** *m*
il **portiere*** *m*
portoghese *agg.*
possibile
la **possibilità** *f*
il **poster** *m*
il **posto** *m*
potere
il **poveretto*** *m*
il **pranzo** *m*
la **prateria*** *f*
praticare*
pratico
precedente*
la **preferenza*** *f*
preferire
prego
prendere (*pp.*= preso)
presentare
presentarsi*
la **presenza*** *f*
il **preside*** *m*
il **presidente*** m
presso*
presto*
la **previsione** *f*
il **prezzemolo*** *m*
il **prezzo** *m*
prima
la **primavera** *f*
primo
privato
il **problema** *m*
il **procedimento*** *m*
procurarsi*
professionale*
la **professione*** *f*

il **professore** *m*
la **professoressa** *f*
il **profeta*** *m*
la **profondità*** *f*
profondo
la **profumeria*** *f*
il **profumo*** *m*
il **progetto*** *m*
il **programma** m
programmare
il **programmatore*** *m*
pronto
la **pronuncia** *f*
proporre*
il **proposito*** *m*
la **proposta*** *f*
proprio
prossimo* *agg.*
proteggere (*pp.*= protetto)
la **provenienza*** *f*
la **provincia** *f*
pubblicare
il **pubblico**
il **punteggio*** *m*
il **punto** *m*
pure*
purtroppo

Q¬

qua
il **quadro** *m*
qual
qualche
qualcosa
qualcuno
quale
la **qualifica*** *f*
qualsiasi*
quando
quanto
quasi
quattro
quello
la **quercia*** *f*
la **questione*** *f*
questo
qui
quindi
quinto
la **quota*** *f*
il **quotidiano***

R¬

raccontare
la **radice*** *f*
la **radio** *f*
radiofonico*
raffigurare*
il **rafting*** *m*
il **ragazzo** *m*
il **ramo** *m*
il **rap*** *m*
raramente
il **re** *m*
reagire*
la **realtà** *f*
recare*
recente
il **recupero*** *m*
regalare
il **regalo** *m*
regolarmente
replicare*
rendere* (*pp.*= reso)
la **responsabilità*** *f*
restare
restaurare*
riadattare*
ricavare*
il **riccio*** *m*
la **ricetta*** *f*
ricevere
richiamare*
richiedere*
la **richiesta** *f*
riconoscere
il **ricordo** *m*
la **ricotta*** *f*
ridere (*pp.*= riso)
il **rientro*** *m*
il **riferimento*** *m*
riferire*
riferirsi*
rifiutare*
il **rifugio*** m
rigoglioso* =
rilassante*
rimanere* (*pp.*= rimasto)
il **rincrescimento*** *m*
rinforzato*
il **ringraziamento*** *m*
ringraziare
il **riparo*** *m*
ripetere
riportare*
risalire*
il **riso** *m*
la **risorsa*** *f*
rispettivamente*
il **rispetto** *m*
rispondere (*pp.*= risposto)
la **risposta** *f*
il **ristorante** *m*
risultare*
il **risultato** *m*
rivendicare*
rivestire*
la **rivista*** *f*
rivolgere* (*pp.*= rivolto
rivolgersi
il **robot** *m*
roccioso
il **rock** *m*
romano *agg.*
la **rotella*** *f*
la **roulotte*** *f*
il **rumore** *m*
il **ruolo*** *m*
la **ruota** *f* =
russo *agg.*

S

il **sabato** *m*
la **sabbia** *f*
il **sacco** *m*
il **saggio*** *m*
i **saldi***
il **sale** *m*
il **salice*** *m*
salire
saltare*
salutare
il **saluto** *m*
sapere
il **sapore** *m*
scaduto*
scambiarsi*
la **scarpa** *f*
scegliere* (*pp.*= scelto)
scendere (*pp.*= sceso)
la **schedina*** *f*
lo **schema** *m*
lo **sciame*** *m*
sciare
scientifico*
scolare*
scolastico*
sconfinare*
lo **scontro*** *m*
lo **scooter** *m*
la **scoperta** *f*
scoprire (*pp.*= scoperto)
scordare
scorso
scrivere (*pp.*= scritto)
lo **scudetto*** *m*
lo **scudo*** *m*
la **scuola** *f*
scuro
la **scusa*** *f*
scusare
secolare*
secondo *agg.*
il **sedano*** *m*
segnalare*
segnare*
la **segretaria** *f*
seguire
sei
selezionare*
sempre
il **senso*** *m*
il **sensore*** *m*
il **sentiero*** *m*
sentire
senza
la **sera** *f*
la **serata*** *f*
la **serie** *f*
servire
servirsi*
il **servizio** *m*
sette
il **settembre** *m*
la **settimana** *f*
settimanalmente*
la **sezione** *f*
la **sfida*** *f*
sicuro
significare
il **significato** *m*
il **signore** *m*
il **simbolo*** *m*
simpatico
la **sintesi*** *f* (*pl.*= **le sintesi**)
sintonizzare*
il **sistema*** *m* (*pl.*= **i sistemi**)
la **situazione** *f*
il **soggiorno*** *m*
il **sogno** *m*
solito
solo *agg.*
il **sommozzatore*** *m*
soprattutto*
la **sorella** *f*
la **sorte*** *f*
la **sostanza*** *f*
sostenere*
sotto
il **sottomarino*** *m*
la **sovrintendenza*** *f* I
gli **spaghetti**
spagnolo *agg.*
lo **spartito*** *m*
lo **spazio** *m*
la **specialità** *f*
specializzato*
la **speranza*** *f*
sperare
la **spesa** *f*
spesso
la **spiaggia** *f*
lo **sport** *m*
sportivo
spremere
lo **spruzzo*** *m*
la **squadra** *f*
lo **stadio** *m*
lo **stage*** *m*
la **stagione** *f*
stare
lo **stato** *m*
la **statua** *f*
stesso
lo **stile*** *m*
lo **stinco*** *m*
la **storia** *f*
la **strada** *f*
straniero *agg.*
lo **studente** *m*
studiare
stupido
il **sub** *m*
subito
succedere (*pp.*= successo)
successivo*
il **succo** *m*
suo *agg.*
suonare
la **superficie*** *f*
superiore*

il **supermercato** *m*
il **supplemento*** *m*
la **suspense*** *f*
lo **sviluppo*** *m*
svizzero *agg.*
svolgere* (*pp.*= svolto)
lo **svolgimento*** *m*

T¬

tagliare
tale *agg.*
tanto
tardi
la **tartina*** *f*
la **tavola** *f*
il **teatro** *m*
tecnico *agg.*
tedesco *agg.*
telefonare
la **telefonata*** *f*
telefonico*
il **telefono** *m*
la **televisione** *f*
televisivo*
la **temperatura** *f*
il **tempo** *m*
la **tenda** *f*
il **tennis** *m*
tentare*
terminare*
la **terra** *f*
il **terreno*** *m*
la **terrina*** *f*
il **territorio*** *m*
terza
la **testa** *f*
il **testo** *m*
il **tipo** *m*
il **tirocinio*** *m*
togliere* (*pp.*= tolto)
il **torneo*** m
la **torta** *f*
totalmente*
il **totocalcio*** *m*
la **tovaglietta*** *f*
tra
tradizionale*
il **traffico** *m*
il **tramezzino*** *m*
tranne*
tranquillo
il **tranviere** *m*
trasportare*
trattare*
il **trattato*** *m*
tre
il **treno** *m*
troppo
trovare
il **trucco*** *m*
tu
tuo
turco *agg.*
turistico
il **turno*** *m*
tutto *agg.*

U¬

uccello *m*
uguale
ultimo
l'**umanità*** *f*
unico
unire*
l'**unità*** *f*
l'**università** *f*
universitario
l'**universo*** *m*
uno *num.*
l'**uomo** *m* (*pl.*= **gli uomini**)
usare
usato* *m*
uscire
l'**uso*** *m*
utile
utilizzare*

V¬

la **vacanza** *f*
il **vapore*** *m*
il **vaporetto*** *m*
vario*
vecchio
vedere (*pp.*= visto)
la **veduta** *f*
vegetale*
la **vela*** *f*
vendere
il **venerdì** *m*
veneziano *agg.*
venire
venti
il **vento** *m*
veramente
il **verbo** *m*
il **verde**
la **verdura*** *f*
vero
la **versione*** *f*
verso
il **vestito** *m*
la **via** *f*
viaggiare*
il **viaggio** *m*
la **vicenda*** *f*
vicino
il **vigile** *m*
il **villaggio*** *m*
vincere (*pp.*=vinto)
la **vincita*** *f*
la **violenza** *f*
il **violino*** *m*
il **violoncello*** *m*
visitare
la **visita** *f*
la **vista** *f*
la **vita** *f*
la **vitamina*** *f*
la **vitella*** *m*
la **vittoria*** *f*

vivente*
vivo
la **voce** *f*
volentieri*
volere
la **volta** *f*
vostra *agg.*

W¬

il **weekend** *m*

Z¬

lo **zero** *m*
la **zona** *f*
la **zucca*** *f*
lo **zucchero** *m*
la **zuppa*** *f*

1. IL NOME

Caratteristiche del nome sono il **genere** e il **numero**.

1.1 IL GENERE

I nomi possono essere di genere **maschile** o **femminile**. Il genere grammaticale dei nomi è un fatto puramente convenzionale, tuttavia nei nomi indicanti esseri viventi sessuati il genere grammaticale coincide, di norma, con il genere naturale.
In italiano i nomi terminano quasi sempre per vocale. Di solito il genere di un nome si riconosce dalla vocale finale della parola, però non sempre questa è sufficiente. Ecco allora alcune indicazioni di massima sul genere dei nomi in base alla loro terminazione:

- **nomi in -a**: quasi tutti **femminili**
  es.: *casa, scuola, ragazza, pasta, ...*
  Alcune eccezioni: il *problema,* il *clima,* il *diploma,* il *cinema,* il *profeta,* il *programma,* lo *schema,* il *sistema,* il *papà,* ecc.
- **nomi in -o**: quasi tutti **maschili**
  es.: *ragazzo, palazzo, ufficio, ...*
  Alcune eccezioni: la *mano,* la *radio,* la *biro,* l'*auto,* la *moto,* la *foto,* la *pallavolo,* la *pallacanestro,* ecc.
- **nomi in -e**: **maschili** o **femminili**
  es.: il *padre,* il *ponte,* lo *studente,* la *madre,* la *gente,* la *chiave, ...*
- **nomi in -i** e **in -u**: **maschili** o **femminili**
  es.: il *giovedì,* l'*oasi,* il *tabù,* la *bici,* la *sintesi,* la *gru, ...*
- **nomi in consonante**: quasi tutti **maschili,** per lo più stranieri
  es.: lo *sport,* il *bar,* il *jogging,* il *minimarket,* il *rafting,* il *rock,* il *robot,* il *rap, ...*

1.2 FORMAZIONE DEL FEMMINILE

I nomi che designano esseri animati possono avere sia il genere maschile che quello femminile; la maggior parte dei nomi passa dalla forma maschile a quella femminile cambiando la vocale finale oppure aggiungendo un suffisso. Vediamo in questa tabella le principali trasformazioni:

Maschile		**Femminile**	
nomi in **-o**	*ragazzo*	**-a**	*ragazza*
	avvocato	**-essa**	*avvocatessa*
nomi in **-a**	*poeta*	**-essa**	*poetessa*
	collega	**-a**	*collega*
nomi in **-e**	*cantante*	**-e**	*cantante*
	signore	**-a**	*signora*
	studente	**-essa**	*studentessa*
nomi in **-tore**	*attore*	**-trice**	*attrice*
	dottore	**-essa**	*dottoressa*
nomi in **-ista**	*giornalista*	**-ista**	*giornalista*

Certi nomi di persona (alcuni indicanti rapporti di parentela) e certi nomi di animali formano il maschile e il femminile da radici completamente diverse (**nomi indipendenti**).

es.: *padre/madre, fratello/sorella, papà/mamma, marito/moglie, maschio/femmina, bue/mucca, re/regina…*

1.3 IL NUMERO

La forma del nome varia anche in funzione del numero. I numeri sono due: **singolare** (se si fa riferimento a un solo essere, cosa o concetto) e **plurale** (se si fa riferimento a più di un essere, cosa o concetto).
La trasformazione dal singolare al plurale si opera secondo il seguente schema:

Singolare	Plurale	Esempi
nomi femminili in **-a**	**-e**	*la penna / le penne*
nomi maschili in **-o**	**-i**	*il ragazzo / i ragazzi*
nomi maschili in **-e**	**-i**	*il padre / i padri*
nomi femminili in **-e**	**-i**	*la madre / le madri*
nomi maschili in **-a**	**-i**	*il giornalista / i giornalisti*
nomi femminili in **-o**	**-i**	*la mano / le mani*

I nomi che prima della desinenza hanno le consonanti **c** o **g** formano il plurale, di norma, second[o il] seguente schema:

Singolare	Plurale	Esempi
nomi maschili in **-ca, -ga**	**-chi, -ghi**	*patriarca / patriarchi; collega / colleghi*
nomi femminili in **-ca, -ga**	**-che, -ghe**	*banca / banche; bottega / botteghe*
nomi femminili in **-cia, -gia** (i solo grafica)	**-cie, -gie** (vocale + c, g) **-ce, -ge** (consonante + c,g)	*camicia / camicie; ciliegia / ciliegie;* *pronuncia / pronunce; pioggia / piogge*
nomi femminili in **-cìa, -gìa** (i accentata)	**-cìe, -gìe**	*farmacia / farmacie; allergia / allergie*
nomi maschili in **-cio, -gio** (i solo grafica)	**-ci, -gi**	*calcio / calci; orologio / orologi*
nomi maschili in **-cìo, -gìo** (i accentata) (*non frequenti*)	**-cii, -gii**	*scalpiccìo / scalpiccii; leggìo / leggii*
nomi femminili in **-scia**	**-sce**	*fascia / fasce*
nomi maschili in **-co, -go** (con accento sulla penultima vocale)	**-chi, -ghi**	*bosco / boschi; albergo / alberghi*
nomi maschili in **-co, -go** (con accento sulla terzultima vocale)	**-ci, -gi**	*mèdico / mèdici; aspàrago / aspàragi*

N.B. Diverse sono, tuttavia, le eccezioni a queste regole.
Ad es.: *amico / amici, greco / greci, incarico / incarichi, profugo / profughi*, ecc.

- Alcuni nomi in **-o** hanno due forme di plurale. Ad esempio, *braccio* ha il plurale in **-a** (*braccia*) se ci riferiamo alle parti del corpo umano (*mi fanno male le braccia*), e in **-i** (*bracci*) se ci riferiamo a cose (*i bracci della croce*).

- Alcuni nomi non variano al plurale. Sono:

a) i nomi che terminano in:

- consonante:	*il bar / i bar,* *il tram / i tram ...*
- vocale accentata:	*la città / le città,* *il caffè / i caffè ...*
- in **-i** o in **-u**:	*la crisi / le crisi,* *la gru / le gru ...*
- in **-ie**:	*la serie / le serie,* *la specie / le specie ...*

b) i nomi abbreviati: *la moto (da "motocicletta") / le moto,*
il cinema (da "cinematografo") / i cinema,
l'auto (da "automobile") / le auto ...

c) i nomi stranieri: *lo sport / gli sport,*
il minimarket - i minimarket ...

- Alcuni nomi **non** hanno forma plurale o singolare, per esempio:
  solo al singolare: *la gente (il plurale ha un altro significato)*
  solo al plurale: *i pantaloni*
  gli occhiali
  i soldi

2. L'ARTICOLO

2.1 L'ARTICOLO DETERMINATIVO

L'articolo determinativo:
- precede il nome;
- individua il genere e il numero;
- assume forme diverse in base alla lettera iniziale del nome che segue.

Osservate la tabella seguente:

Genere	*Numero*	*Parola che inizia per*		
		consonante*	vocale	s + consonante, sce-, sci-, z-, gn-
Maschile	singolare	**il** ragazzo	**l'**italiano	**lo** studente
	plurale	**i** ragazzi	**gli** italiani	**gli** studenti
Femminile	singolare	**la** ragazza	**l'**italiana	**la** studentessa
	plurale	**le** ragazze	**le** italiane	**le** studentesse

* diversa da s+ consonante, da z- e da gn-

2.2 L'ARTICOLO INDETERMINATIVO

L'articolo indeterminativo designa un nome in modo generale e indefinito; non ha il plurale. In cas di nomi plurali, l'articolo indeterminativo non si mette o si usano gli articoli partitivi *dei*, *degli*, *dell*

Singolare

Genere	*Parola che inizia per*		
	consonante*	vocale	s+consonante, sce-, sci-, z-, gn-
Maschile	**un** ragazzo	**un** italiano	**uno** studente
Femminile	**una** ragazza	**un'**italiana	**una** studentessa

Plurale (articolo partitivo)

Genere	*Parola che inizia per*		
	consonante*	vocale	s+consonante, sce-, sci-, z-, gn-
Maschile	**dei** ragazzi	**degli** italiani	**degli** studenti
Femminile	**delle** ragazze	**delle** italiane	**delle** studentesse

* diversa da s+ consonante, da z- e da gn-

2.3 L'ARTICOLO PARTITIVO

L'articolo partitivo è formato dalla preposizione *di* seguita dall'articolo determinativo.

Singolare

Genere	*Parola che inizia per*		
	consonante*	vocale	s+consonante, sce-, sci-, z-, gn-
Maschile	**del** cioccolato	**dell'**avocado	**dello** zabaglione
Femminile	**della** crema	**dell'**amarena	**della** stracciatella

Plurale

Genere	*Parola che inizia per* consonante*	vocale	s+consonante, sce-, sci-, z-, gn-
Maschile	**dei** pomodori	**degli** antipasti	**degli** sport
Femminile	**delle** mele	**delle** arance	**delle** scatole

* diversa da s+ consonante, da z- e da gn-

L'articolo partitivo si usa per:
- indicare una quantità imprecisata, come sinonimo di "*un po' di*" o di "*alcuni*".
  es.: *del pane* = *un po' di pane*
  dei pomodori = *alcuni pomodori*

2.4 LE PREPOSIZIONI ARTICOLATE

L'incontro tra una preposizione e un articolo determinativo dà luogo ad una nuova forma combinata, secondo lo schema che segue:

preposizioni	articoli						
	il	**lo**	**la**	**l'**	**i**	**gli**	**le**
a	al	allo	alla	all'	ai	agli	alle
di	del	dello	della	dell'	dei	degli	delle
da	dal	dallo	dalla	dall'	dai	dagli	dalle
in	nel	nello	nella	nell'	nei	negli	nelle
su	sul	sullo	sulla	sull'	sui	sugli	sulle
con	col/ con il	-	-	-	coi/ con i	-	-

Per le preposizioni articolate valgono le stesse regole d'uso degli articoli determinativi.

3. L'AGGETTIVO

L'aggettivo concorda in genere e numero con il sostantivo a cui si riferisce.

a) Aggettivi con desinenza al maschile in -o e al femminile in -a

	Maschile	*Femminile*
Singolare	un amico italian**o**	un'amica italian**a**
Plurale	degli amici italian**i**	delle amiche italian**e**

b) Aggettivi con desinenza al maschile e al femminile in -e

	Maschile	*Femminile*
Singolare	un ragazzo intelligent**e**	una ragazza intelligent**e**
Plurale	dei ragazzi intelligent**i**	delle ragazze intelligent**i**

- Se l'aggettivo si riferisce a più sostantivi di genere diverso, assume genere maschile.
  es.: *Luigi è simpatic**o**.* *Luigi e Mario sono simpatic**i**.*
  *Anna è simpatic**a**.* *Anna e Laura sono simpatich**e**.*
  *Anna e Luigi sono simpatic**i**.*

- Le regole grafiche degli aggettivi in *-co, -go, -cio, -gio, -ista* per la formazione del plurale sono le stesse di quelle dei sostantivi.

3.1 POSIZIONE DELL'AGGETTIVO

- Riguardo alla posizione dell'aggettivo nella frase non esistono regole assolute. Di norma, tuttavia, gli aggettivi indicanti colore, forma, nazionalità si collocano *dopo* il nome a cui si riferiscono.
  es.: *un maglione blu*
  un tavolo rotondo
  un ragazzo francese

- Alcuni aggettivi, quali: *bello, bravo, brutto, buono, giovane, grande, lungo, piccolo, vecchio,* possono stare prima o dopo il nome.
  L'aggettivo posto *prima* del nome ha un valore solo descrittivo.
  L'aggettivo posto *dopo* il nome attribuisce a questo caratteristiche particolari che si vogliono mettere in evidenza.
  L'aggettivo preceduto dall'avverbio *molto* sta sempre dopo il nome.
  es.: *un bel libro*
  ma: *un libro molto bello*

- L'aggettivo *caro* assume significati diversi a seconda che si trovi prima o dopo il nome.
  es.: *una cara amica / un ristorante caro.*

3.2 I GRADI DELL'AGGETTIVO

Positivo	Comparativo	Superlativo relativo	Superlativo assoluto
Il film di ieri era **interessante**.	Il film di oggi però è **più interessante** di quello di ieri.	È **il** film **più interessante** della serata.	È un film **interessantissimo**.

- Il grado **comparativo di maggioranza** e quello **di minoranza** dell'aggettivo si formano premettendo rispettivamente l'avverbio **più** e l'avverbio **meno** davanti all'aggettivo che indica la qualità messa a confronto.
  es.: *Roma è ancora **più** grande di Milano.*
  *Questi dettagli sono **meno** importanti dei concetti essenziali.*

- Il grado **comparativo di uguaglianza** si forma ponendo davanti al secondo termine di paragone gli avverbi **quanto** o **come**.
  es.: *Luca è bravo **come** / **quanto** Paolo.*

- Il grado **superlativo relativo** si forma premettendo l'articolo determinativo al grado comparativo di maggioranza o minoranza.
  es.: *Mario è **il** ragazzo **più** alto della classe.*
  *Questo è forse **il** ristorante **meno** caro della città.*

- Il grado **superlativo assoluto** si forma togliendo all'aggettivo al grado positivo la desinenza e aggiungendo il suffisso *-issimo/a/i/e*.
  es.: *L'ultimo libro di Dacia Maraini è **bellissimo**.*

- Alcuni aggettivi presentano, accanto alle forme regolari, anche forme speciali di comparativo e superlativo, dette "organiche" perché costituite da una sola parola:

Positivo	**Comparativo**	**Superlativo relativo**	**Superlativo assoluto**
buono	più buono / **migliore**	il più buono / **il migliore**	buonissimo / **ottimo**
cattivo	più cattivo / **peggiore**	il più cattivo / **il peggiore**	cattivissimo / **pessimo**
grande	più grande / **maggiore**	il più grande / **il maggiore**	grandissimo / **massimo**
piccolo	più piccolo / **minore**	il più piccolo / **il minore**	piccolissimo / **minimo**

3.3 LA COMPARAZIONE

Paola è	**più / meno**	alta	**di**	Maria.
Sciare è	**più / meno**	divertente	**che**	nuotare.

Paola è	alta	**quanto**	Giulia.
Sciare è	difficile	**come**	pattinare.

- Nella comparazione di maggioranza o minoranza il secondo termine di paragone viene introdotto:
  - dalla preposizione *di*, quando la comparazione avviene fra due nomi (propri o comuni) o pronomi;
  - dalla congiunzione *che*, quando la comparazione avviene:

  a) fra due verbi:
  es.: *Viaggiare in treno è meno caro che viaggiare in aereo.*

  b) fra due aggettivi:
  es.: *Questo regalo è più bello che utile.*

  c) fra due quantità:
  es.: *Ho più CD che cassette.*

d) fra nomi o pronomi preceduti da preposizione:
es.: *Preferisco mangiare in pizzeria che al ristorante.*
Sto meglio con lui che con lei.

e) fra due avverbi:
es.: *Meglio tardi che mai.*

4. AGGETTIVI E PRONOMI DIMOSTRATIVI

I dimostrativi servono a indicare la collocazione di una persona o cosa o concetto nello spazio o nel tempo in base alla caratteristica di vicino o lontano rispetto a chi parla o ascolta.

I dimostrativi sono:

questo (vicino a chi parla)

quello (lontano da chi parla o ascolta)

Possono essere **aggettivi** (si premettono al nome) o **pronomi** (sostituiscono il nome).

4.1 AGGETTIVI

Questo

Singolare	*Plurale*
Questo libro	**Questi** amici
Questa camicia	**Queste** case

Quello

Singolare	*Plurale*
Quel libro	**Quei** libri
Quell'italiano	**Quegli** italiani
Quello studente	**Quegli** studenti
Quell'italiana	**Quelle** italiane
Quella studentessa	**Quelle** studentesse

Davanti a un nome, l'aggettivo **quello** segue le stesse trasformazioni dell'articolo determinativo.

4.2 PRONOMI

Questo

Quale libro vuoi?	- **Questo.**
Quale camicia metti?	- **Questa.**
Quali sono i tuoi occhiali?	- **Questi.**
Quali scarpe compri?	- **Queste.**

Quello

Ti piace il cinema?	- **Quello** italiano, sì.
Ti piace la musica?	- **Quella** rock, sì.
Leggi i giornali?	- **Quelli** sportivi, sì.
Leggi le riviste?	- **Quelle** di moda, sì.

Quando **quello** ha funzione di pronome, invece, si comporta come **questo.**

Quello viene anche usato per riferirsi a cosa o persona già nominata in precedenza:
es.: *Qual è la tua giacca? - **Quella** blu.*

N.B. Al posto del pronome dimostrativo "questo" con significato di "questa cosa" si usa anche il pronome dimostrativo invariabile **ciò**.
es.: ***Ciò** non mi piace.* = *Questa cosa non mi piace.*
"**Ciò che**" viene spesso usato in alternativa a *quello che.*
es.: ***Ciò che** dici è vero.* = *Quello che dici è vero.*

5. I POSSESSIVI

Possono avere funzione di **aggettivo** o di **pronome.**

Quando hanno funzione di aggettivo:
- sono normalmente preceduti dall'articolo;
- precedono il nome;
- si accordano al nome nel genere e nel numero; solo "loro" rimane invariabile.

N.B. Fa eccezione: *a casa mia / tua, ecc.*

Quando hanno funzione di pronome:
- possono non prendere l'articolo dopo il verbo essere.
  es.: *questo libro è il mio / questo libro è mio*

Singolare: | | **Plurale:** |

Maschile		**Femminile**		**Maschile**		**Femminile**	
il mio		**la mia**		**i miei**		**le mie**	
il tuo		**la tua**		**i tuoi**		**le tue**	
il suo	libro	**la sua**	penna	**i suoi**	libri	**le sue**	penne
il nostro		**la nostra**		**i nostri**		**le nostre**	
il vostro		**la vostra**		**i vostri**		**le vostre**	
il loro		**la loro**		**i loro**		**le loro**	

es.: *Questo è il mio posto e quello il tuo.*
Non trovo i miei libri, mi presti i tuoi?
Questa è la vostra stanza e quella la nostra.
Ho messo le sue foto insieme alle mie.

Aggettivi possessivi davanti a nomi di parentela

Con i nomi di parentela al singolare l'articolo davanti all'aggettivo possessivo non si mette (ad eccezione di *loro*):
es.: ***Mio** padre è venuto ieri.*
***Vostra** sorella ha studiato a Roma?*
*Quando torna **tuo** cugino dal Messico?*
***La loro** zia è inglese.*

L'articolo viene però mantenuto se:

- il nome di parentela è al plurale: *I miei fratelli hanno studiato a Roma.*
- è alterato con un suffisso: *La tua sorellina è qui.*
- è usato con una forma propria del linguaggio familiare: *La sua mamma non è ancora arrivata.*
- è accompagnato da un aggettivo: *Il mio caro zio mi aiuta molto.*

6. I NUMERALI

6.1 CARDINALI

1	uno	**11**	undici	**21**	ventuno
2	due	**12**	dodici	**22**	ventidue
3	tre	**13**	tredici	**23**	ventitré
4	quattro	**14**	quattordici	**24**	ventiquattro
5	cinque	**15**	quindici	**25**	venticinque
6	sei	**16**	sedici	**26**	ventisei
7	sette	**17**	diciassette	**27**	ventisette
8	otto	**18**	diciotto	**28**	ventotto
9	nove	**19**	diciannove	**29**	ventinove
10	dieci	**20**	venti	**30**	trenta

40	quaranta	**1.000**	mille
50	cinquanta	**2.000**	duemila
60	sessanta	**3.000**	tremila
70	settanta		
80	ottanta	**100.000**	centomila
90	novanta	**200.000**	duecentomila
100	cento		
200	duecento	**1.000.000**	un milione
300	trecento	**1.000.000.000**	un miliardo

6.2 ORDINALI

1°	primo	**11°**	undicesimo
2°	secondo	**12°**	dodicesimo
3°	terzo	**13°**	tredicesimo
4°	quarto	**14°**	quattordicesimo
5°	quinto	**15°**	quindicesimo
6°	sesto	**16°**	sedicesimo
7°	settimo	**17°**	diciassettesimo
8°	ottavo	**18°**	diciottesimo
9°	nono	**19°**	diciannovesimo
10°	decimo	**20°**	ventesimo

6.3 FRAZIONARI

1/2 = un mezzo, una metà
1/3 = un terzo
1/4 = un quarto
1/10 = un decimo

3/4 = tre quarti
5/8 = cinque ottavi

7. I PRONOMI PERSONALI

Persone		Soggetto	Oggetto diretto		Oggetto indiretto	
			forme toniche	forme atone	forme toniche	forme atone
1ª persona singolare		**io**	**me**	**mi**	**a me**	**mi**
2ª persona singolare		**tu**	**te**	**ti**	**a te**	**ti**
3ª pers. sing.	maschile	**lui**	**lui**	**lo**	**a lui**	**gli**
	femminile	**lei**	**lei**	**la**	**a lei**	**le**
	cortesia	**Lei**	**Lei**	**La**	**a Lei**	**Le**
1ª persona plurale		**noi**	**noi**	**ci**	**a noi**	**ci**
2ª persona plurale		**voi**	**voi**	**vi**	**a voi**	**vi**
3ª pers. plur.	maschile	**loro**	**loro**	**li**	**a loro**	**gli**
	femminile			**le**		

3ª persona singolare riflessiva	**sé**	**si**	**a sé**	**si**
3ª persona plurale riflessiva	**sé**	**si**	**a sé**	**si**

I pronomi personali **atoni** si usano:

- prima di una forma verbale:
  es.: *Non **lo** conosco.*
  ***Mi** ha parlato di Andrea.*

- in posizione di suffisso dopo un verbo all'infinito:
  es.: *Venite a trovar**ci**?*
  *Devo accompagnar**ti** alla stazione?*

- in posizione di suffisso dopo un verbo all'imperativo (che non sia alla terza persona):
  es.: *Ascolta**mi**!*
  *Scrivi**gli**!*

Davanti al verbo *avere*, **lo** e **la** vengono abbreviati in **l'**: *l'ho preso*; *l'ho vista*.

I pronomi personali **tonici** si usano:

- quando si vuole dare accento a quello a cui ci si riferisce; in tal caso possono comparire con o senza il verbo e in posizione di soggetto o di complemento:
  es.: *Conosci Sergio e Sara? - **Lei** sì, **lui** invece no.*
  *Vi piace la birra? - A **me** sì. / - A **me** invece no.*
  *Vai **tu** a comprare il pane? - No, ci è già andata **lei**.*

- dopo una preposizione:
  es.: *Sono rimasto **con lui** tutto il giorno.*
  *C'è posta **per te**.*

- dopo alcune parole, quali: *anche*, *solo*, *sempre*, *proprio*:
  es.: *Abbiamo invitato anche **lei**.*
  *Alla festa c'eravamo solo **noi**.*

7.1 I PRONOMI COMBINATI

Quando un pronome indiretto atono si incontra con un pronome diretto atono di 3ª persona o con partitivo *ne*, i due si combinano insieme in una nuova forma, secondo lo schema che segue:

	lo	**la**	**li**	**le**	**ne**
mi	me lo	me la	me li	me le	me ne
ti	te lo	te la	te li	te le	te ne
gli, le, Le	glielo	gliela	glieli	gliele	gliene
ci	ce lo	ce la	ce li	ce le	ce ne
vi	ve lo	ve la	ve li	ve le	ve ne
gli	glielo	gliela	glieli	gliele	gliene
si	se lo	se la	se li	se le	se ne

8. LA PARTICELLA "CI"

La particella "**ci**" è usata non solo come pronome di prima persona plurale (= noi, a noi), ma anche

a) come avverbio di luogo (= lì, là):
   es.: *Sei stato a Roma? - Sì, **ci** sono stato.*

b) come complemento indiretto, ed equivale ad "a / in lui, lei, loro, a questa o a quella cosa...":
es.: *Pensi qualche volta ai tuoi genitori? - Sì, **ci** penso spesso.*
(= penso spesso a loro)

c) con il verbo essere (esser**ci**) per indicare lo stare, il trovarsi in un luogo:
es.: *Nella borsa **ci** sono alcuni libri.*
*Scusa, **c**'è Marco?*
*Non **c**'è molto da fare in questo paese.*

9. LA PARTICELLA "NE"

La particella "ne" si usa:

- Quando si indica una quantità e non si vuole ripetere il nome della cosa quantificata:
  es.: *Quanti anni hai? - **Ne** ho quattordici.*
  *Sulla tavola c'erano tante paste; io **ne** ho prese tre.*
  *Quante arance hai mangiato? - Non **ne** ho mangiata nessuna.*
  *Vuoi del pane? - Sì, **ne** voglio un po'.*

- Per sostituire un nome preceduto da "**di**" o "**da**":
  es.: *Conosci Paolo? - No, ma me **ne** ha parlato Antonio.* *(= di Paolo)*
  *Sai qualcosa della lezione di oggi? - No, non **ne** so nulla.* *(= della lezione)*
  *È stato in America e **ne** è tornato entusiasta.* *(= dall'America)*

10. AGGETTIVI E PRONOMI INTERROGATIVI

10.1 AGGETTIVI

Singolare		Plurale	
Maschile	Femminile	Maschile	Femminile
che		**che**	
quale		**quali**	
quanto	**quanta**	**quanti**	**quante**

es.: ***Che** treno prendi?*
***Quale** libro scegli?*
***Quanti** fratelli hai?*

10.2 PRONOMI

Singolare		Plurale	
Maschile	Femminile	Maschile	Femminile
che, che cosa, cosa		**che, che cosa, cosa**	
chi		**chi**	
quale, qual		**quali**	
quanto	**quanta**	**quanti**	**quante**

es.: **Che cosa** stai facendo?
A **che** pensi?
Chi ha preso la mia penna?
Chi hai visto allo stadio?
Con **chi** vai al cinema?
Qual è la capitale d'Italia?
Quanto costa?

- Il pronome interrogativo **chi**:
  - si usa solo riferito a persone;
  - vuole sempre il verbo al singolare;
  - può essere usato in funzione di soggetto, di complemento oggetto o dopo una preposizione.

- Il pronome interrogativo **quale**, davanti alle forme del verbo essere: *è*, *era*, perde la "e" finale: *qual è*, *qual era*.

11. I PRONOMI RELATIVI

Il pronome relativo sostituisce un nome mettendo in relazione fra loro due frasi.
es.: *Hai scritto **una lettera**.*
***La lettera** è arrivata ieri.* -> *La lettera **che** hai scritto è arrivata ieri.*

I pronomi relativi sono:

che	**il quale** **la quale** **i quali** **le quali**	**cui**	**chi**

11.1 IL PRONOME RELATIVO CHE

- Può essere soggetto o complemento oggetto.
- Può essere riferito a nomi singolari o plurali.
- Non può essere preceduto da preposizione.

es.: *Il libro **che** mi hai regalato è molto interessante.*
*Non mi piacciono le persone **che** vogliono sempre avere ragione.*

11.2 IL PRONOME RELATIVO CUI

- È, di norma, preceduto da preposizione.
- Se è preceduto dalla preposizione "a" che introduce un complemento oggetto indiretto, questa può essere omessa.
- Quando è preceduto dall'articolo, prende valore possessivo.

es.: *Quella è la ragazza **con cui** sono uscito ieri.*
*Il ragazzo **cui** (o **a cui**) hai venduto il motorino è il fratello di Federico.*
*Vive in un paese **le cui** case sono piccole.*

11.3 IL PRONOME RELATIVO QUALE

- È sempre preceduto dall'articolo o dalla preposizione articolata.
- Si può usare al posto di "che" o di "cui", soprattutto quando c'è ambiguità e si vuole essere più precisi.
- Si accorda nel numero con il nome a cui si riferisce.

es.: *L'amico **al quale** (a cui) hai telefonato è partito proprio ieri per le vacanze.*
*L'appartamento **nel quale** (in cui) abito è molto grande.*
*Sono andata a sciare con Anna e Marco, **il quale** (che) è ancora un principiante.*

11.4 IL PRONOME RELATIVO CHI

- È allo stesso tempo un pronome dimostrativo e relativo: è infatti equivalente a "*quello che*", "*colui che*".
- Si riferisce solo a persone, e non ha un antecedente nella frase.
- Se ha la funzione di soggetto, vuole il verbo al singolare.

es.: *Non esco con **chi** non conosco bene.*
*Parlane a **chi** vuoi.*
***Chi** vuole entrare, entri.*

12. IL VERBO

12.1 LA CONIUGAZIONE

In italiano si distinguono tre coniugazioni:

- 1ª coniugazione: verbi che all'infinito finiscono in -**ARE**: *parlare, cantare...*
- 2ª coniugazione: verbi che all'infinito finiscono in -**ERE**: *temere, perdere...*
- 3ª coniugazione: verbi che all'infinito finiscono in -**IRE**: *partire, salire...*

I modi e i tempi dei verbi italiani sono i seguenti:

Modi finiti	***indicativo - congiuntivo - condizionale - imperativo***
Modi indefiniti	***infinito - participio - gerundio***

Modo	Tempi semplici	Tempi composti
Indicativo	**presente** **futuro** **imperfetto** **passato remoto**	**passato prossimo** **futuro anteriore** **trapassato prossimo** **trapassato remoto**
Congiuntivo	**presente** **imperfetto**	**passato** **trapassato**
Condizionale	**semplice**	**composto**
Imperativo	**presente**	
Infinito	**presente**	**passato**
Gerundio	**presente**	**passato**
Participio	**presente** **passato**	

12.2 GENERI E FORME VERBALI

I verbi italiani in base al **genere**, vale a dire se ammettono o meno un complemento oggetto diretto si dividono in due grandi gruppi:

a) **Verbi transitivi**: ammettono un complemento oggetto. *(Paolo mangia una pizza)*
b) **Verbi intransitivi**: non ammettono un complemento oggetto. *(Anna dorme)*

In base alla **forma**, vale a dire in base al particolare rapporto che il verbo ha con il soggetto e con l'oggetto, i verbi si distinguono in:

a) **Verbi attivi**: il soggetto verbale è l'agente dell'azione.
es.: *Marco lava la macchina.*

b) **Verbi passivi**: il soggetto verbale subisce l'azione.
es.: *La macchina è stata lavata da Marco.*

c) **Verbi riflessivi**: il soggetto e l'oggetto del verbo coincidono.
es.: *Angela si pettina.* (= *Angela pettina se stessa.*)

I verbi riflessivi, a loro volta, si distinguono in:
- *riflessivi diretti*: *Laura si pettina.*
- *riflessivi indiretti*: *Maria si lava i capelli.*
- *riflessivi reciproci*: *Antonio e Laura si baciano.*
- *riflessivi intensivi*: *Gianni si prende un caffè.*
- *riflessivi intransitivi* (*o intransitivi pronominali*): *Pietro si pente di ciò che ha fatto.*

d) **Verbi impersonali**: sono i verbi che non hanno bisogno di soggetto.
es.: *Piove.*
Nevica.

12.3 I TEMPI COMPOSTI E IL VERBO AUSILIARE

I tempi composti del verbo si formano con il participio passato preceduto da un verbo ausiliare.
I verbi ausiliari comunemente usati in italiano sono: **avere** (*Ho mangiato una mela*) e **essere** (*Sono andato al cinema*).

a) Si usa **avere** come verbo ausiliare:

- dei verbi transitivi attivi: ***Abbiamo scritto** una lettera.*
- di alcuni verbi intransitivi: ***Ho passeggiato** un po'.*

b) Si usa **essere** come ausiliare:

- dei verbi di forma passiva: ***E' amato** da tutti.*
- dei verbi riflessivi: ***Mi sono lavato** le mani.*
- della maggioranza dei verbi intransitivi: ***Sono arrivato** poco fa.*

Se l'ausiliare è *essere,* il participio si accorda con il soggetto.
es.: *Luisa è stat**a** a Roma.*
*Antonio è stat**o** a Roma.*
*Carla e Daniela sono rimast**e** a casa.*
*Marco e Michele sono rimast**i** a casa.*

Alcuni verbi possono avere come ausiliare sia *essere* che *avere,* ad esempio: *piovere, nevicare, vivere.*
es.: *Ieri è/ha piovuto tutto il giorno.*
Carla è vissuta/ha vissuto in Australia per cinque anni.

Alcuni verbi vogliono l'ausiliare *essere* o *avere* a seconda che vengano usati transitivamente o intransitivamente.
es.: *Paolo ha finito gli studi l'anno scorso.*
Le vacanze sono finite.

12.4 FORME E VALORI DEI TEMPI VERBALI

a) **Indicativo**

Presente

Il presente indica:
- un'azione in atto: *Ora studio: non voglio essere disturbato.*
- un'azione abituale: *Di solito bevo il latte a colazione.*
- un'azione futura: *Domani vado al cinema.*

Forme:

	1ª coniugazione	2ª coniugazione	3ª coniugazione	
	(cantare)	*(temere)*	*(partire)*	*(capire)*
io	cant**o**	tem**o**	part**o**	cap**isco**
tu	cant**i**	tem**i**	part**i**	cap**isci**
lui, lei	cant**a**	tem**e**	part**e**	cap**isce**
noi	cant**iamo**	tem**iamo**	part**iamo**	cap**iamo**
voi	cant**ate**	tem**ete**	part**ite**	cap**ite**
loro	cant**ano**	tem**ono**	part**ono**	cap**iscono**

Presente indicativo di alcuni verbi irregolari:

- **andare**: vado, vai, va, andiamo, andate, vanno
- **dare**: do, dai, dà, diamo, date, danno
- **fare**: faccio, fai, fa, facciamo, fate, fanno
- **stare**: sto, stai, sta, stiamo, state, stanno

- **bere**: bevo, bevi, beve, beviamo, bevete, bevono
- **dovere**: devo, devi, deve, dobbiamo, dovete, devono
- **potere**: posso, puoi, può, possiamo, potete, possono
- **rimanere**: rimango, rimani, rimane, rimaniamo, rimanete, rimangono
- **sapere**: so, sai, sa, sappiamo, sapete, sanno
- **scegliere**: scelgo, scegli, sceglie, scegliamo, scegliete, scelgono
- **tacere**: taccio, taci, tace, tacciamo, tacete, tacciono
- **tenere**: tengo, tieni, tiene, teniamo, tenete, tengono
- **togliere**: tolgo, togli, toglie, togliamo, togliete, tolgono
- **volere**: voglio, vuoi, vuole, vogliamo, volete, vogliono

- **dire**: dico, dici, dice, diciamo, dite, dicono
- **morire**: muoio, muori, muore, moriamo, morite, muoiono
- **salire**: salgo, sali, sale, saliamo, salite, salgono
- **uscire**: esco, esci, esce, usciamo, uscite, escono
- **venire**: vengo, vieni, viene, veniamo, venite, vengono

Passato prossimo

Il passato prossimo indica:

- Un fatto compiuto avvenuto nel passato:
  *Ieri **sono andato** al cinema.*
  ***Ho mangiato** troppo.*

Forme:

indicativo presente di *avere* o di *essere* + participio passato del verbo

a) ausiliare **avere**

		1ª coniugazione (cantare)	*2ª coniugazione (temere)*	*3ª coniugazione (sentire)*
io	ho	cant**ato**	tem**uto**	sent**ito**
tu	hai			
lui, lei, Lei	ha			
noi	abbiamo			
voi	avete			
loro	hanno			

b) ausiliare **essere**

		1ª coniugazione (andare)	*2ª coniugazione (cadere)*	*3ª coniugazione (partire)*
io	sono	and**ato**, and**ata**	cad**uto**, cad**uta**	part**ito**, part**ita**
tu	sei			
lui, lei, Lei	è			
noi	siamo	and**ati**, and**ate**	cad**uti**, cad**ute**	part**iti**, part**ite**
voi	siete			
loro	sono			

Imperfetto

L'indicativo imperfetto si usa per :

- Indicare uno stato o azione nel passato senza considerare l'inizio o la fine:
  *Pietro **era seduto** sul tavolo.*
- Indicare un'abitudine o un'azione ripetuta nel passato:
  *Ogni mattina il postino **arrivava** alla stessa ora.*
- Indicare due eventi contemporanei nel passato:
  *Io **mangiavo** mentre lui **leggeva.***
- Attenuare il tono di una domanda o di una richiesta:
  ***Desiderava** qualcosa?*
  ***Volevo** 2 etti di prosciutto.*

Forme:

	1ª coniugazione (cantare)	2ª coniugazione (temere)	3ª coniugazione (partire)
io	cant**avo**	tem**evo**	part**ivo**
tu	cant**avi**	tem**evi**	part**ivi**
lui, lei, Lei	cant**ava**	tem**eva**	part**iva**
noi	cant**avamo**	tem**evamo**	part**ivamo**
voi	cant**avate**	tem**evate**	part**ivate**
loro	cant**avano**	tem**evano**	part**ivano**

Futuro semplice

L'indicativo futuro semplice si usa per:

- Indicare un'azione che deve ancora avvenire:
  *L'anno prossimo **andrò** a Roma.*

Forme:

	1ª coniugazione (cantare)	2ª coniugazione (temere)	3ª coniugazione (partire)
io	cant**erò**	tem**erò**	part**irò**
tu	cant**erai**	tem**erai**	part**irai**
lui, lei, Lei	cant**erà**	tem**erà**	part**irà**
noi	cant**eremo**	tem**eremo**	part**iremo**
voi	cant**erete**	tem**erete**	part**irete**
loro	cant**eranno**	tem**eranno**	part**iranno**

Indicativo futuro semplice di alcuni verbi irregolari:

- **andare**: andrò, andrai, andrà, andremo, andrete, andranno
- **dare**: darò, darai, darà, daremo, darete, daranno
- **fare**: farò, farai, farà, faremo, farete, faranno
- **stare**: starò, starai, starà, staremo, starete, staranno

- **bere**: berrò, berrai, berrà, berremo, berrete, berranno
- **dovere**: dovrò, dovrai, dovrà, dovremo, dovrete, dovranno
- **potere**: potrò, potrai, potrà, potremo, potrete, potranno
- **rimanere**: rimarrò, rimarrai, rimarrà, rimarremo, rimarrete, rimarranno
- **sapere**: saprò, saprai, saprà, sapremo, saprete, sapranno
- **vedere**: vedrò, vedrai, vedrà, vedremo, vedrete, vedranno
- **vivere**: vivrò, vivrai, vivrà, vivremo, vivrete, vivranno

- **venire**: verrò, verrai, verrà, verremo, verrete, verranno

b) **Condizionale semplice**

Il condizionale semplice si usa per :

- Formulare cortesemente una richiesta:
  Potrei *parlare con Luisa?*
- Esprimere un desiderio nel presente o nel futuro:
  Mi ***piacerebbe*** *andare in vacanza in Sicilia.*
- Indicare una possibilità o eventualità nel presente:
  Carlo ***dovrebbe*** *tornare in giornata.*
- Dare un consiglio:
  Dovresti *lavorare di meno.*

Forme:

	1ª coniugazione (cantare)	*2ª coniugazione (temere)*	*3ª coniugazione (partire)*
io	cant**erei**	tem**erei**	part**irei**
tu	cant**eresti**	tem**eresti**	part**iresti**
lui, lei, Lei	cant**erebbe**	tem**erebbe**	part**irebbe**
noi	cant**eremmo**	tem**eremmo**	part**iremmo**
voi	cant**ereste**	tem**ereste**	part**ireste**
loro	cant**erebbero**	tem**erebbero**	part**irebbero**

Condizionale semplice di alcuni verbi irregolari:

- **andare**: andrei, andresti, andrebbe, andremmo, andreste, andrebbero
- **dare**: darei, daresti, darebbe, daremmo, dareste, darebbero
- **fare**: farei, faresti, farebbe, faremmo, fareste, farebbero
- **stare**: starei, staresti, starebbe, staremmo, stareste, starebbero

- **bere**: berrei, berresti, berrebbe, berremmo, berreste, berrebbero
- **dovere**: dovrei, dovresti, dovrebbe, dovremmo, dovreste, dovrebbero
- **potere**: potrei, potresti, potrebbe, potremmo, potreste, potrebbero
- **rimanere**: rimarrei, rimarresti, rimarrebbe, rimarremmo, rimarreste, rimarrebbero
- **sapere**: saprei, sapresti, saprebbe, sapremmo, sapreste, saprebbero
- **vedere**: vedrei, vedresti, vedrebbe, vedremmo, vedreste, vedrebbero
- **vivere**: vivrei, vivresti, vivrebbe, vivremmo, vivreste, vivrebbero

- **venire**: verrei, verresti, verrebbe, verremmo, verreste, verrebbero

c) **Imperativo**

L'imperativo si usa per:

- Esprimere un ordine, un'esortazione, un invito:
  Esci *subito!*

***Cercate** di essere puntuali!*
***Entri** pure, prego.*

Forme:

	1ª coniugazione (cantare)	*2ª coniugazione (prendere)*	*3ª coniugazione (partire)*
(tu)	cant**a!**	prend**i!**	part**i!**
(lui, lei, Lei)	cant**i!**	prend**a!**	part**a!**
(noi)	cant**iamo!**	prend**iamo!**	part**iamo!**
(voi)	cant**ate!**	prend**ete!**	part**ite!**
(loro)	cant**ino!**	prend**ano!**	part**ano!**

Imperativo di alcuni verbi irregolari:

- **andare**: va' (vai), vada, andiamo, andate, vadano
- **dare**: da' (dai), dia, diamo, date, diano
- **fare**: fa' (fai), faccia, facciamo, fate, facciano
- **stare**: sta' (stai), stia, stiamo, state, stiano

- **bere**: bevi, beva, beviamo, bevete, bevano
- **sapere**: sappi, sappia, sappiamo, sappiate, sappiano
- **scegliere**: scegli, scelga, scegliamo, scegliete, scelgano
- **togliere**: togli, tolga, togliamo, togliete, tolgano
- **vedere**: vedi, veda, vediamo, vedete, vedano

- **dire**: di', dica, diciamo, dite, dicano
- **salire**: sali, salga, saliamo, salite, salgano
- **uscire**: esci, esca, usciamo, uscite, escano
- **venire**: vieni, venga, veniamo, venite, vengano

Verbi all'imperativo accompagnati da pronomi

Quando il verbo è all'imperativo, il pronome riflessivo, il pronome complemento diretto o indiretto atono e i pronomi *ci* e *ne* si trovano **dopo** il verbo alla 2ª persona singolare, alla 1ª e alla 2ª persona plurale, **prima** del verbo alla 3ª persona singolare e plurale.

a) Imperativo con i verbi riflessivi:

1ª coniugazione	*2ª coniugazione*	*3ª coniugazione*
(alzarsi)	*(decidersi)*	*(vestirsi)*
alzati!	deciditi!	vèstiti!
si alzi!	si decida!	si vesta!
alziamoci!	decidiamoci!	vestiamoci!
alzatevi!	decidetevi!	vestitevi!
si alzino!	si decidano!	si vestano!

b) Imperativo con i pronomi diretti o indiretti atoni, *ci* e *ne:*

guardami!
ne prenda!
andiamoci!
tenetelo!
lo facciano!

Imperativo negativo

- L'imperativo negativo si ottiene premettendo *non* alla forma affermativa.
  Solo alla 2ª persona singolare (tu) l'imperativo negativo si ottiene premettendo *non* all'infinito del verbo:
  es.: *Non guardare! - Non parli! - Non partiamo! - Non smettete!*

- Con i verbi riflessivi, e quando l'imperativo è accompagnato da un pronome diretto o indiretto e dai pronomi *ci* e *ne,* alla 2ª persona singolare sono possibili due costruzioni, una con il pronome legato al verbo e una con il pronome prima del verbo e separato da questo:
  non alzarti! / *non ti alzare!*
  non scrivergli! / *non gli scrivere!*
  non andarci! / *non ci andare!*
  non parlarne! / *non ne parlare!*

d) **Costruzioni perifrastiche**

Stare + gerundio
Indica un'azione in corso di svolgimento.

		entrare	*scendere*	*partire*
(io)	**sto**			
(tu)	**stai**			
(lui, lei, Lei)	**sta**	entr**ando**	scend**endo**	part**endo**
(noi)	**stiamo**			
(voi)	**state**			
(loro)	**stanno**			

Stare per + infinito
Indica un'azione che è sul punto di avvenire.

			entrare	*scendere*	*partire*
(io)	**sto**				
(tu)	**stai**				
(lui, lei, Lei)	**sta**	**per**	entr**are**	scend**ere**	part**ire**
(noi)	**stiamo**				
(voi)	**state**				
(loro)	**stanno**				

12.5 I VERBI MODALI

I verbi modali italiani sono: *volere, dovere, potere, sapere.*

Presente dei verbi modali:

	volere	***dovere***	***potere***	***sapere***
(io)	voglio	devo	posso	so
(tu)	vuoi	devi	puoi	sai
(lui, lei, Lei)	vuole	deve	può	sa
(noi)	vogliamo	dobbiamo	possiamo	sappiamo
(voi)	volete	dovete	potete	sapete
(loro)	vogliono	devono	possono	sanno

- I verbi *volere*, *dovere* e *potere* sono sempre seguiti da un verbo all'infinito.
  es.: *Voglio seguire un corso di italiano.*
  Marco deve andare alla stazione.
  Posso aprire la finestra?

- Il verbo *volere* può essere seguito anche da un sostantivo.
  es.: *Voglio un tè.*

- Il verbo *sapere* può essere seguito:
  a) da un verbo all'infinito, quando ha significato di "essere capace di";
  b) da un sostantivo o da un'intera frase, quando ha significato di "conoscere".
  es.: *Sai guidare il motorino?*
  Mia sorella sa l'inglese molto bene.
  Sapete qual è la capitale d'Italia?

- Nei tempi composti, i verbi modali prendono l'ausiliare del verbo che accompagnano. Se prendono l'ausiliare *essere*, il participio passato concorda in genere e numero con il soggetto.
  es.: *Non abbiamo potuto telefonare all'agenzia viaggi.*
  Marta non è potuta venire.

- I pronomi personali e riflessivi possono stare prima del verbo modale o legarsi all'infinito (mai fra i due verbi).
  es.: *Non ho potuto farlo.* / *Non l'ho potuto fare.*
  Dovresti alzarti. / *Ti dovresti alzare.*

12.6 I VERBI RIFLESSIVI

Sono riflessivi i verbi in cui il soggetto e l'oggetto coincidono. Si costruiscono premettendo alle varie persone del verbo il corrispondente pronome riflessivo.

		alzarsi	*sedersi*	*vestirsi*
(io)	**mi**	alzo	siedo	vesto
(tu)	**ti**	alzi	siedi	vesti
(lui, lei, Lei)	**si**	alza	siede	veste
(noi)	**ci**	alziamo	sediamo	vestiamo
(voi)	**vi**	alzate	sedete	vestite
(loro)	**si**	alzano	siedono	vestono

- I verbi riflessivi possono avere anche valore reciproco.
  es.: *Andrea e Luisa si vedono ogni mattina davanti alla scuola.*
  Marco, ci sentiamo al telefono questa sera, d'accordo?

- Il pronome riflessivo può anche assumere la funzione di complemento indiretto.
  es.: *Giulia si lava i denti.* *(si = a se stessa)*
  Andrea si prepara la colazione. *(si = a, per se stesso)*

- Nei tempi composti i verbi riflessivi prendono l'ausiliare *essere* e pertanto il participio passato concorda in genere e numero con il soggetto.
  es.: *Stamattina ci siamo alzati presto.*
  Carla e Enrica si sono incontrate alla stazione.

- Molti verbi riflessivi hanno anche una forma non riflessiva.
  es.: *Mi sono svegliata presto e poi ho svegliato i bambini.*

12.7 LA FORMA IMPERSONALE

La forma impersonale si costruisce premettendo ***si*** alla terza persona singolare di un verbo senza oggetto espresso, cioè non seguito da un nome.

	In questo ristorante **si mangia** molto bene.

12.8 COSTRUZIONI CON VALORE PASSIVO (SI PASSIVANTE)

Le costruzioni con valore passivo si ottengono premettendo ***si*** alla terza persona singolare e plurale di un verbo transitivo preceduto o seguito da un nome.

	A casa mia **si mangia** spesso il pesce. Il pesce **si mangia** di solito il venerdì.
	Stasera **si mangiano** gli agnolotti. Gli agnolotti **si mangiano** al sugo.

13. L'AVVERBIO

- Gli avverbi di modo si formano aggiungendo agli aggettivi qualificativi il suffisso *-mente.*
  In particolare:

  a) Gran parte degli avverbi si ottengono aggiungendo il suffisso -*mente* alla forma femminile singolare degli aggettivi in -*o* :
  es.: *chiaro* -> *chiaramente*
  stupido -> *stupidamente*

  Se però l'aggettivo termina in -*ro* la -*o* finale cade:
  es.: *leggero* -> *leggermente*

  b) Altri avverbi si ottengono aggiungendo il suffisso -*mente* agli aggettivi in -*e*:
  es.: *veloce* -> *velocemente*

  Se però l'aggettivo termina in -*le* o -*re*, la -*e* finale cade:
  es.: *normale* -> *normalmente*
  regolare -> *regolarmente*

- Gli avverbi di modo corrispondenti agli aggettivi *buono* e *cattivo* sono rispettivamente *bene* e *male.*
  es.: *È un ragazzo molto buono.*
  Mi senti bene?
  Questa minestra è cattiva.
  Mi fa male il dente.

Coniugazione del verbo: ESSERE

INDICATIVO

	Presente	Passato prossimo	Imperfetto	Trapassato prossimo
io	sono	sono stato/a	ero	ero stato/a
tu	sei	sei stato/a	eri	eri stato/a
lui, lei, Lei	è	è stato/a	era	era stato/a
noi	siamo	siamo stati/e	eravamo	eravamo stati/e
voi	siete	siete stati/e	eravate	eravate stati/e
loro	sono	sono stati/e	erano	erano stati/e

	Passato remoto	Trapassato remoto	Futuro semplice	Futuro anteriore
io	fui	fui stato/a	sarò	sarò stato/a
tu	fosti	fosti stato/a	sarai	sarai stato/a
lui, lei, Lei	fu	fu stato/a	sarà	sarà stato/a
noi	fummo	fummo stati/e	saremo	saremo stati/e
voi	foste	foste stati/e	sarete	sarete stati/e
loro	furono	furono stati/e	saranno	saranno stati/e

CONGIUNTIVO

	Presente	Passato	Imperfetto	Trapassato
io	sia	sia stato/a	fossi	fossi stato/a
tu	sia	sia stato/a	fossi	fossi stato/a
lui, lei, Lei	sia	sia stato/a	fosse	fosse stato/a
noi	siamo	siamo stati/e	fossimo	fossimo stati/e
voi	siate	siate stati/e	foste	foste stati/e
loro	siano	siano stati/e	fossero	fossero stati/e

CONDIZIONALE

	Semplice	Composto
io	sarei	sarei stato/a
tu	saresti	saresti stato/a
lui, lei, Lei	sarebbe	sarebbe stato/a
noi	saremmo	saremmo stati/e
voi	sareste	sareste stati/e
loro	sarebbero	sarebbero stati/e

IMPERATIVO

	Presente
(io)	-
(tu)	sii
(lui, lei, Lei)	sia
(noi)	siamo
(voi)	siate
(loro)	siano

INFINITO

Presente	Passato
essere	essere stato

PARTICIPIO

Presente	Passato
-	stato

GERUNDIO

Presente	Passato
essendo	essendo stato

Coniugazione del verbo: AVERE

INDICATIVO

	Presente	Passato prossimo	Imperfetto	Trapassato prossimo
io	ho	ho avuto	avevo	avevo avuto
tu	hai	hai avuto	avevi	avevi avuto
lui, lei, Lei	ha	ha avuto	aveva	aveva avuto
noi	abbiamo	abbiamo avuto	avevamo	avevamo avuto
voi	avete	avete avuto	avevate	avevate avuto
loro	hanno	hanno avuto	avevano	avevano avuto

	Passato remoto	Trapassato remoto	Futuro semplice	Futuro anteriore
io	ebbi	ebbi avuto	avrò	avrò avuto
tu	avesti	avesti avuto	avrai	avrai avuto
lui, lei, Lei	ebbe	ebbe avuto	avrà	avrà avuto
noi	avemmo	avemmo avuto	avremo	avremo avuto
voi	aveste	aveste avuto	avrete	avrete avuto
loro	ebbero	ebbero avuto	avranno	avranno avuto

CONGIUNTIVO

	Presente	Passato	Imperfetto	Trapassato
io	abbia	abbia avuto	avessi	avessi avuto
tu	abbia	abbia avuto	avessi	avessi avuto
lui, lei, Lei	abbia	abbia avuto	avesse	avesse avuto
noi	abbiamo	abbiamo avuto	avessimo	avessimo avuto
voi	abbiate	abbiate avuto	aveste	aveste avuto
loro	abbiano	abbiano avuto	avessero	avessero avuto

CONDIZIONALE

	Semplice	Composto
io	avrei	avrei avuto
tu	avresti	avresti avuto
lui, lei, Lei	avrebbe	avrebbe avuto
noi	avremmo	avremmo avuto
voi	avreste	avreste avuto
loro	avrebbero	avrebbero avuto

IMPERATIVO

	Presente
(io)	-
(tu)	abbi
(lui, lei, Lei)	abbia
(noi)	abbiamo
(voi)	abbiate
(loro)	abbiano

INFINITO

Presente	Passato
avere	avere avuto

PARTICIPIO

Presente	Passato
avente	avuto

GERUNDIO

Presente	Passato
avendo	avendo avuto

Prima coniugazione regolare: CANTARE

INDICATIVO

	Presente	Passato prossimo	Imperfetto	Trapassato prossimo
io	canto	ho cantato	cantavo	avevo cantato
tu	canti	hai cantato	cantavi	avevi cantato
lui, lei, Lei	canta	ha cantato	cantava	aveva cantato
noi	cantiamo	abbiamo cantato	cantavamo	avevamo cantato
voi	cantate	avete cantato	cantavate	avevate cantato
loro	cantano	hanno cantato	cantavano	avevano cantato

	Passato remoto	Trapassato remoto	Futuro semplice	Futuro anteriore
io	cantai	ebbi cantato	canterò	avrò cantato
tu	cantasti	avesti cantato	canterai	avrai cantato
lui, lei, Lei	cantò	ebbe cantato	canterà	avrà cantato
noi	cantammo	avemmo cantato	canteremo	avremo cantato
voi	cantaste	aveste cantato	canterete	avrete cantato
loro	cantarono	ebbero cantato	canteranno	avranno cantato

CONGIUNTIVO

	Presente	Passato	Imperfetto	Trapassato
io	canti	abbia cantato	cantassi	avessi cantato
tu	canti	abbia cantato	cantassi	avessi cantato
lui, lei, Lei	canti	abbia cantato	cantasse	avesse cantato
noi	cantiamo	abbiamo cantato	cantassimo	avessimo cantato
voi	cantiate	abbiate cantato	cantaste	aveste cantato
loro	cantino	abbiano cantato	cantassero	avessero cantato

CONDIZIONALE

	Semplice	Composto
io	canterei	avrei cantato
tu	canteresti	avresti cantato
lui, lei, Lei	canterebbe	avrebbe cantato
noi	canteremmo	avremmo cantato
voi	cantereste	avreste cantato
loro	canterebbero	avrebbero cantato

IMPERATIVO

	Presente
(io)	-
(tu)	canta
(lui, lei, Lei)	canti
(noi)	cantiamo
(voi)	cantate
(loro)	cantino

INFINITO

Presente	Passato
cantare	avere cantato

PARTICIPIO

Presente	Passato
cantante	cantato

GERUNDIO

Presente	Passato
cantando	avendo cantato

Seconda coniugazione regolare: TEMERE

INDICATIVO

	Presente	**Passato prossimo**	**Imperfetto**	**Trapassato prossimo**
io	temo	ho temuto	temevo	avevo temuto
tu	temi	hai temuto	temevi	avevi temuto
lui, lei, Lei	teme	ha temuto	temeva	aveva temuto
noi	temiamo	abbiamo temuto	temevamo	avevamo temuto
voi	temete	avete temuto	temevate	avevate temuto
loro	temono	hanno temuto	temevano	avevano temuto

	Passato remoto	**Trapassato remoto**	**Futuro semplice**	**Futuro anteriore**
io	(*temei*) temetti	ebbi temuto	temerò	avrò temuto
tu	temesti	avesti temuto	temerai	avrai temuto
lui, lei, Lei	(*temé*) temette	ebbe temuto	temerà	avrà temuto
noi	tememmo	avemmo temuto	temeremo	avremo temuto
voi	temeste	aveste temuto	temerete	avrete temuto
loro	(*temerono*) temettero	ebbero temuto	temeranno	avranno temuto

CONGIUNTIVO

	Presente	**Passato**	**Imperfetto**	**Trapassato**
io	tema	abbia temuto	temessi	avessi temuto
tu	tema	abbia temuto	temessi	avessi temuto
lui, lei, Lei	tema	abbia temuto	temesse	avesse temuto
noi	temiamo	abbiamo temuto	temessimo	avessimo temuto
voi	temiate	abbiate temuto	temeste	aveste temuto
loro	temano	abbiano temuto	temessero	avessero temuto

CONDIZIONALE

	Semplice	**Composto**
io	temerei	avrei temuto
tu	temeresti	avresti temuto
lui, lei, Lei	temerebbe	avrebbe temuto
noi	temeremmo	avremmo temuto
voi	temereste	avreste temuto
loro	temerebbero	avrebbero temuto

IMPERATIVO

	Presente
(io)	-
(tu)	temi
(lui, lei, Lei)	tema
(noi)	temiamo
(voi)	temete
(loro)	temano

INFINITO

Presente	**Passato**
temere	avere temuto

PARTICIPIO

Presente	**Passato**
temente	temuto

GERUNDIO

Presente	**Passato**
temendo	avendo temuto

N.B. Nel passato remoto, i pochi verbi regolari della 2ª coniugazione hanno due forme equivalenti: *temei/temetti, temé/temette, temerono/temettero*. Le forme: *temei - temé - temerono* sono in generale meno usate. Nota però: *potei - poté - poterono.*

Terza coniugazione regolare: DORMIRE

INDICATIVO

	Presente	Passato prossimo	Imperfetto	Trapassato prossimo
io	dormo	ho dormito	dormivo	avevo dormito
tu	dormi	hai dormito	dormivi	avevi dormito
lui, lei, Lei	dorme	ha dormito	dormiva	aveva dormito
noi	dormiamo	abbiamo dormito	dormivamo	avevamo dormito
voi	dormite	avete dormito	dormivate	avevate dormito
loro	dormono	hanno dormito	dormivano	avevano dormito

	Passato remoto	Trapassato remoto	Futuro semplice	Futuro anteriore
io	dormii	ebbi dormito	dormirò	avrò dormito
tu	dormisti	avesti dormito	dormirai	avrai dormito
lui, lei, Lei	dormì	ebbe dormito	dormirà	avrà dormito
noi	dormimmo	avemmo dormito	dormiremo	avremo dormito
voi	dormiste	aveste dormito	dormirete	avrete dormito
loro	dormirono	ebbero dormito	dormiranno	avranno dormito

CONGIUNTIVO

	Presente	Passato	Imperfetto	Trapassato
io	dorma	abbia dormito	dormissi	avessi dormito
tu	dorma	abbia dormito	dormissi	avessi dormito
lui, lei, Lei	dorma	abbia dormito	dormisse	avesse dormito
noi	dormiamo	abbiamo dormito	dormissimo	avessimo dormito
voi	dormiate	abbiate dormito	dormiste	aveste dormito
loro	dormano	abbiano dormito	dormissero	avessero dormito

CONDIZIONALE

	Semplice	Composto
io	dormirei	avrei dormito
tu	dormiresti	avresti dormito
lui, lei, Lei	dormirebbe	avrebbe dormito
noi	dormiremmo	avremmo dormito
voi	dormireste	avreste dormito
loro	dormirebbero	avrebbero dormito

IMPERATIVO

	Presente
(io)	-
(tu)	dormi
(lui, lei, Lei)	dorma
(noi)	dormiamo
(voi)	dormite
(loro)	dormano

INFINITO

Presente	Passato
dormire	avere dormito

PARTICIPIO

Presente	Passato
dormente	dormito

GERUNDIO

Presente	Passato
dormendo	avendo dormito

Verbi della terza coniugazione che aggiungono l'infisso -ISC-: CAPIRE

INDICATIVO

	Presente
io	capisco
tu	capisci
lui, lei, Lei	capisce
noi	capiamo
voi	capite
loro	capiscono

CONGIUNTIVO

	Presente
io	capisca
tu	capisca
lui, lei, Lei	capisca
noi	capiamo
voi	capiate
loro	capiscano

IMPERATIVO

	Presente
io	-
tu	capisci
lui, lei, Lei	capisca
noi	capiamo
voi	capite
loro	capiscano

Verbi coniugati con l'ausiliare *essere*: PARTIRE

INDICATIVO

	Presente	Passato prossimo	Imperfetto	Trapassato prossimo
io	parto	sono partito/a	partivo	ero partito/a
tu	parti	sei partito/a	partivi	eri partito/a
lui, lei, Lei	parte	è partito/a	partiva	era partito/a
noi	partiamo	siamo partiti/e	partivamo	eravamo partiti/e
voi	partite	siete partiti/e	partivate	eravate partiti/e
loro	partono	sono partiti/e	partivano	erano partiti/e

	Passato remoto	Trapassato remoto	Futuro semplice	Futuro anteriore
io	partii	fui partito/a	partirò	sarò partito/a
tu	partisti	fosti partito/a	partirai	sarai partito/a
lui, lei, Lei	partì	fu partito/a	partirà	sarà partito/a
noi	partimmo	fummo partiti/e	partiremo	saremo partiti/e
voi	partiste	foste partiti/e	partirete	sarete partiti/e
loro	partirono	furono partiti/e	partiranno	saranno partiti/e

CONGIUNTIVO

	Presente	Passato	Imperfetto	Trapassato
io	parta	sia partito/a	partissi	fossi partito/a
tu	parta	sia partito/a	partissi	fossi partito/a
lui, lei, Lei	parta	sia partito/a	partisse	fosse partito/a
noi	partiamo	siamo partiti/e	partissimo	fossimo partiti/e
voi	partiate	siate partiti/e	partiste	foste partiti/e
loro	partano	siano partiti/e	partissero	fossero partiti/e

CONDIZIONALE

	Semplice	Composto
io	partirei	sarei partito/a
tu	partiresti	saresti partito/a
lui, lei, Lei	partirebbe	sarebbe partito/a
noi	partiremmo	saremmo partiti/e
voi	partireste	sareste partiti/e
loro	partirebbero	sarebbero partiti/e

IMPERATIVO

	Presente
(io)	-
(tu)	parti
(lui, lei, Lei)	parta
(noi)	partiamo
(voi)	partite
(loro)	partano

INFINITO

Presente	Passato
partire	essere partito/a/i/e

PARTICIPIO

Presente	Passato
partente	partito/a/i/e

GERUNDIO

Presente	Passato
partendo/a/i/e	essendo partito/a/i/e

Coniugazione riflessiva: LAVARSI

INDICATIVO

	Presente	**Passato prossimo**	**Imperfetto**	**Trapassato prossimo**
io	mi lavo	mi sono lavato/a	mi lavavo	mi ero lavato/a
tu	ti lavi	ti sei lavato/a	ti lavavi	ti eri lavato/a
lui, lei, Lei	si lava	si è lavato/a	si lavava	si era lavato/a
noi	ci laviamo	ci siamo lavati/e	ci lavavamo	ci eravamo lavati/e
voi	vi lavate	vi siete lavati/e	vi lavavate	vi eravate lavati/e
loro	si lavano	si sono lavati/e	si lavavano	si erano lavati/e

	Passato remoto	**Trapassato remoto**	**Futuro semplice**	**Futuro anteriore**
io	mi lavai	mi fui lavato/a	mi laverò	mi sarò lavato/a
tu	ti lavasti	ti fosti lavato/a	ti laverai	ti sarai lavato/a
lui, lei, Lei	si lavò	si fu lavato/a	si laverà	si sarà lavato/a
noi	ci lavammo	ci fummo lavati/e	ci laveremo	ci saremo lavati/e
voi	vi lavaste	vi foste lavati/e	vi laverete	vi sarete lavati/e
loro	si lavarono	si furono lavati/e	si laveranno	si saranno lavati/e

CONGIUNTIVO

	Presente	**Passato**	**Imperfetto**	**Trapassato**
io	mi lavi	mi sia lavato/a	mi lavassi	mi fossi lavato/a
tu	ti lavi	ti sia lavato/a	ti lavassi	ti fossi lavato/a
lui, lei, Lei	si lavi	si sia lavato/a	si lavasse	si fosse lavato/a
noi	ci laviamo	ci siamo lavati/e	ci lavassimo	ci fossimo lavati/e
voi	vi laviate	vi siate lavati/e	vi lavaste	vi foste lavati/e
loro	si lavino	si siano lavati/e	si lavassero	si fossero lavati/e

CONDIZIONALE

	Semplice	**Composto**
io	mi laverei	mi sarei lavato/a
tu	ti laveresti	ti saresti lavato/a
lui, lei, Lei	si laverebbe	si sarebbe lavato/a
noi	ci laveremmo	ci saremmo lavati/e
voi	vi lavereste	vi sareste lavati/e
loro	si laverebbero	si sarebbero lavati/e

IMPERATIVO

	Presente
(io)	-
(tu)	lavati
(lui, lei, Lei)	si lavi
(noi)	laviamoci
(voi)	lavatevi
(loro)	si lavino

INFINITO

Presente	**Passato**
lavarsi	essersi
	lavato/a/i/e

PARTICIPIO

Presente	**Passato**
lavantesi	lavatosi/
	lavatasi/ecc.

GERUNDIO

Presente	**Passato**
lavandosi	essendosi
	lavato/a/i/e

Participi passati irregolari

Infinito	Participio
accorgersi	**accorto**
aggiungere	**aggiunto**
bere	**bevuto**
chiedere	**chiesto**
chiudere	**chiuso**
concludere	**concluso**
coprire	**coperto**
correre	**corso**
corrispondere	**corrisposto**
cuocere	**cotto**
decidere	**deciso**
descrivere	**descritto**
dirigere	**diretto**
disporre	**disposto**
dividere	**diviso**
escludere	**escluso**
esporre	**esposto**
esprimere	**espresso**
essere	**stato**
fare	**fatto**
friggere	**fritto**
intendere	**inteso**
interrompere	**interrotto**
iscriversi	**iscritto**

Infinito	Participio
leggere	**letto**
mettere	**messo**
nascere	**nato**
offrire	**offerto**
perdere	**perso**
permettere	**permesso**
prendere	**preso, perduto**
proporre	**proposto**
proteggere	**protetto**
rendere	**reso**
richiedere	**richiesto**
ridere	**riso**
rimanere	**rimasto**
rispondere	**risposto**
rivolgere	**rivolto**
scegliere	**scelto**
scendere	**sceso**
scoprire	**scoperto**
scrivere	**scritto**
succedere	**successo**
svolgere	**svolto**
vedere	**visto, veduto**
vincere	**vinto**
vivere	**vissuto**

INDICE

AUTOCONTROLLO	Se non lo sai, torna a ...

unità 1

Ruolo B

sez 1

1) Rispondi.	LT a^1
2) Saluti il nuovo compagno e ti presenti.	LT a^1, b^1
3) Dici come ti chiami e saluti.	LT b^1
4) Rispondi (16 anni)	LT b^1

sez 2

1) Non capisci e chiedi di ripetere.	LT a^1
2) Tu rispondi di no e dici la tua nazionalità.	LT a^2
3) Dici al tuo compagno come si scrive Ventimiglia.	LT d
4) Dici che abiti a Venezia e chiedi al tuo compagno dove abita lui.	LT b^1
5) Tu rispondi di no e dici di dove sei.	LT a^2

unità 2

sez 1

1) Incontri un amico di tuo figlio. Rispondi al suo saluto.	LT a^2
1) Sono le 22.30. Sei un professore di inglese e incontri un tuo allievo. Rispondi al suo saluto.	LT a^2
3) Tu rispondi al tuo ex-compagno e poi chiedi come sta lui.	LT c^1
4) Sono le 16.00. Incontri per strada il direttore della tua scuola che ti saluta. Rispondi al saluto.	LT a^2
4) Sono le 10.00. Sei una persona di 70 anni. Rispondi al saluto del figlio dei tuoi vicini di casa. Non stai molto bene, ma non vuoi dare spiegazioni.	LT a^2, c^1

sez 2

1) Hai dato un passaggio in motorino al tuo compagno. Lui ti ringrazia; tu gli rispondi.	LT a^4
2) Rispondi di sì e bfai la stessa domanda al tuo compagno..	LT a^2, a^3
3) Rispondi di no e fai la stessa domanda al tuo compagno.	LT a^2, a^3
4) Rispondi di no e fai la stessa domanda al tuo compagno.	LT a^2, a^3
5) Di solito vai in discoteca circa una volta alla settimana. Rispondi al tuo compagno e poi fai la stessa domanda a lui.	LT b^1, b^2

sez 3

1) Tu fai il liceo scientifico e sei al secondo anno. Rispondi alle domande del tuo compagno e poi fai le stesse domande a lui.	LT a^2
2) Tu studi italiano all'università. Rispondi alle domande del tuo compagno.	LT a^2
3) Tu vai a scuola quasi sempre a piedi. Rispondi alla domanda del tuo amico. Poi fai la stessa domanda a lui.	LT b^1
4) Abiti a Vicenza in via Enrico Fermi. Rispondi alla domanda.	LT b^1
5) Tu sai che Michele e Marina abitano in Campo S. Polo a Venezia e lo dici al tuo compagno.	LT b^1

unità 3

sez 1

1) Sei Alessia. Rispondi alla domanda di Renata.	LT a^2
2) Sei Marco. Stasera devi studiare tantissimo. Rispondi alla domanda del tuo compagno.	LT a^2
3) Sei Riccardo. L'anno prossimo probabilmente vai in vacanza in Spagna; proponi al compagno di venire con te.	LT a^2, b^1
4) Tu preferisci il "Centro Mountain Bike" invece di "Bici e Baci".	LT a^2
5) Sei John. Hai gli esami di maturità fra due anni perché fai ancora la terza.	LT b^1

sez 2

1) Tu sai che alla Rinascente ci sono le felpe della Benetton. Rispondi alla domanda del tuo compagno.	LT a^2
2) Sai che da Ricordi si possono comprare gli spartiti delle canzoni di Eros Ramazzotti. Rispondi alla domanda del tuo compagno.	LT a^2
3) Devi fare un regalo di compleanno. Compri un cd e non un libro perché è meno caro. Rispondi alla domanda del tuo compagno.	LT c^1
4) Sai che a Roberta piacciono le t-shirt. Rispondi alla domanda del tuo compagno.	LT c^1
5) Tu sai che Roma è la città più grande d'Italia. Rispondi alla domanda del tuo compagno.	LT c^1

sez 3

1) Non hai capito che cosa ha detto Paolo e lo chiedi al tuo compagno.	LT a^3
4) Sul giornale c'è scritto: "La Juve vince 3-0". Rispondi alla domanda del tuo compagno.	LT a^3
3) Non hai capito che cosa ha chiesto Roberto e lo chiedi al tuo compagno.	LT a^3
4) Stai andando ad una festa. Rispondi alla domanda del tuo compagno.	LT b^1
5) Descrivi al tuo compagno il tuo amico Franco.	LT c^1

ità 4

sez 1

1) Sei cameriere in una pizzeria. Rispondi al cliente che ti chiama. **LT a1**
2) Le capricciose stasera non ci sono. Fai una proposta alternativa al cliente. **LT a2**
3) Una coca cola costa 2.500 lire. Rispondi al cliente. **LT a3**
4) Rispondi alla domanda del tuo compagno. **LT b1**

4 aprile domenica
festa di compleanno di Rosa

5) Il tè con ghiaccio non ti piace molto. Rispondi alla domanda del tuo compagno. **LT a3 finestrella**

sez 2

1) Telefoni al tuo amico Diego. Ti risponde la madre (il padre). Svolgi la conversazione. **LT a2**
2) Rispondi al telefono. Tua sorella sta studiando in camera sua. **LT a2**
3) Dai al tuo compagno gli ingredienti del sugo alla bolognese. **LT c1 finestrella**

Sugo alla bolognese

Ingredienti
250 g. carne di vitello tritata
250 g. carne di maiale tritata
1 kg. pomodori pelati
1 carota e 1 cipolla
basilico
sale, pepe, olio d'oliva

4) Per la festa di classe tu prepari le tartine. Rispondi alla domanda del tuo compagno e poi fai la stessa domanda a lui. **LT b**
5) Lavori in una panetteria. Il pane all'olio costa 7.000 lire al chilo. Saluti il cliente e chiedi che cosa desidera. Svolgi la conversazione con lui. **LT c1 finestrella**

sez 3

1) Sei il prof. Vaccari. Esprimi un giudizio positivo sui prodotti biologici e sulla loro qualità. **LT a2**
2) Sei il prof. Vaccari. Rispondi alla domanda dell'intervistatore. Esprimi la tua opinione sul fatto che i cibi del 2050 saranno tutti biotecnologici. **LT b1**
3) Chiedi al tuo compagno il suo parere su chi mangia hamburger e patatine fritte quasi tutti i giorni. **LT a1**
4) Esprimi un giudizio positivo sui cibi biotecnologici, se di buona qualità. **LT b1**
5) Chiedi al tuo compagno il suo parere su Internet. **LT a2, b1**

ità 5

sez 1

1) Rispondi alla domanda del tuo compagno e spieghi il perché. **LT a2**
2) Chiedi al tuo compagno se vuole un gelato o qualcosa da bere. **LT a2**
3) Rispondi alla domanda del tuo compagno (orario di inizio della lezione : 8.25) **LT c2**
4) Chiedi al compagno l'orario di apertura del negozio di articoli musicali. **LT c2**
5) Il tè ti piace di più, è più leggero. Rispondi alla domanda del tuo compagno. **LT a2, a3**

sez 2

1) Racconti al tuo compagno le tue vacanze in Toscana (sveglia alle 10.00, passeggiate a cavallo quasi tutti i giorni, bagni in mare). **LT b1**
2) Dai il tuo regalo di compleanno al tuo compagno, una t-shirt firmata, e gli chiedi se gli piace. **LT c1 finestrella**
3) Sei il genitore del tuo compagno. I tuoi hobby di gioventù erano: giocare a pallavolo, fare fotografie, andare in bicicletta. **LT b1**
4) Ti scusi con il tuo compagno e spieghi perché non puoi. **LT c2**

h. 15.00: dentista

5) Reagisci con entusiasmo al racconto del tuo compagno. **LT c1**

sez 3

1) Racconti al compagno le cose che facevi durante il giorno in campeggio. **LT c**
2) Rispondi che oggi ci sono più voli e più compagnie aeree. **LT f**
3) Racconti che cosa stavi facendo in quel momento (aspettare l'autobus per andare a scuola). **LT c**
4) Rispondi che sono più o meno le 15.45. **LT b**
5) Contrapponi la decisione iniziale di andare in Sicilia al fatto che poi sei andato in Sardegna. **LT f**

Finito di stampare nel mese di giugno 2001
da Guerra guru s.r.l. - Via A. Manna, 25 - 06132 Perugia
Tel. +39 075 5289090 - Fax +39 075 5288244
E-mail: geinfo@guerra-edizioni.com

Parlando italiano
è frutto della collaborazione internazionale nell'ambito del programma Socrates/Lingua dell'Unione Europea.
Il corso è destinato agli studenti della Scuola media superiore.

Guerra Edizioni
via Aldo Manna, 25
06132 Perugia (Italia)
tel. +39 075 5289090
fax +39 075 5288244
e-mail: geinfo@guerra-edizioni.com
www.guerra-edizioni.com

Quaderno di lavoro - Italiano
Parlando italiano
primo volume
Guerra Edizioni
Perugia

Questo volume, sprovvisto del talloncino a fianco, è da considerarsi copia di "**Saggio-campione gratuito**", fuori commercio (vendita e altri atti di disposizione vietati: art. 17, c. 2 l. 633/1941). Esente da IVA (D.P.R. 26/10/72, n. 633, art. 2, lettera d). Esente da bolla di accompagnamento (D.P.R.6/10/78 n. 627, art. 4, n. 6).

ISBN 88-7715-427-6

Programma **Socrates**

Progetto
lingua italiana

Parlando Italiano

Libro di testo
secondo volume

Guerra Edizioni